DU MÊME AUTEUR

L'Armée française en guerre en 100 objets et 100 mots, mémoire vive de l'armée de terre, la collection de l'armée de terre : 1914-1918, avec Antoine Champeaux, photographies originales de Daniel Pucet, Paris, Éditions Pierre de Taillac, 2018.

Les États-Unis dans la Première Guerre mondiale : une approche française, SOTECA/14-18 Éditions, 2017.

Histoire de l'armée française, 1914-1918. Évolutions et adaptations des hommes, des matériels et des doctrines, avec François Cochet, Paris, Tallandier, 2017, prix spécial du jury Erwan Bergot – prix littéraire de l'armée de terre 2017 ; prix de l'UNOR, 2017.

Rompre le front ? Novembre 1914-mars 1918 : comment percer les lignes ennemies et retrouver la liberté de manœuvre ?, SOTECA/14-18 Éditions, 2016.

Joffre, Paris, Perrin, 2014 ; rééd. coll. « Tempus », 2016, prix Robert-Joseph de l'Association des écrivains combattants.

1914, une année qui a fait basculer le monde. Essai d'histoire globale, Paris, Armand Colin, 2014.

Mon commandement en Orient, édition annotée et commentée des souvenirs de guerre du général Sarrail, avant-propos de François Cochet, SOTECA/14-18 Éditions, 2012.

Les Secrets de la Grande Guerre, Paris, Vuibert, 2012.

Chronologie commentée de la Première Guerre mondiale, Paris, Perrin, 2011, prix général Muteau de l'Académie des sciences morales et politiques ; préface d'André Martel (rééd. éditions France Loisirs, 2014).

(suite en fin d'ouvrage)

1940

Vérités et légendes

Déjà parus

Ayache Georges, *Kennedy. Vérités et légendes.*
Brigouleix Bernard et Gayral Michèle, *L'Élysée. Vérités et légendes.*
Brunaux Jean-Louis, *Les Gaulois. Vérités et légendes.*
Dickès Christophe, *Le Vatican. Vérités et légendes.*
Martin Jean-Clément, *La Terreur. Vérités et légendes.*
Pagès Alain, *L'Affaire Dreyfus. Vérités et légendes.*
Piouffre Gérard, *Le* Titanic. *Vérités et légendes.*
Renaud Jean, *Les Vikings. Vérités et légendes.*
Solnon Jean-François, *Versailles. Vérités et légendes.*
Vey François, *La Tour Eiffel. Vérités et légendes.*

Rémy Porte

1940

Vérités et légendes

Collection dirigée
par Emmanuel Hecht

PERRIN

92, avenue de France
75013 Paris
Tél. : 01 44 16 08 00

ISBN : 978-2-262-06558-4
Dépôt légal : juin 2020

Mise en pages : Facompo, Lisieux

À Patricia, sans laquelle ce livre
n'aurait pas vu le jour.

Introduction

Dans la longue histoire de France, quelques dates font figure de drame national. Il faut généralement beaucoup de temps pour que les historiens puissent corriger les perceptions déformées, au risque de déplaire. Emportés par le tourbillon des souvenirs reconstruits, les événements eux-mêmes semblent disparaître dans un maelström de témoignages *pro domo* et de débats partisans. Ceux de 1940 conservent un statut particulier. Aussi inattendue que totale, la défaite traumatise durablement l'ensemble de la nation.

Les causes, nous le verrons en détail dans cet ouvrage, en sont nombreuses, et l'on peut rappeler la notion souvent évoquée de « guerre de trente ans », qui aurait ravagé l'Europe de 1914 à 1945. Parmi les conséquences immédiates ou à plus long terme, retenons au premier rang la stupeur qui frappe tous les observateurs étrangers à l'annonce de la demande d'armistice et conduit à un abaissement durable de la position de la France sur la scène internationale ; la rapidité et l'ampleur de l'effondrement civil et militaire ; les errances de l'État français et la division du pays entre collaborateurs et résistants de toutes les nuances ; la fin du conflit marquée par la victoire des Alliés, l'accession du général de Gaulle à la tête du Gouvernement provisoire et sa volonté de présenter l'image de Français à nouveau rassemblés.

Dès l'été 1940, l'historien Marc Bloch rédige *L'Étrange Défaite*, ouvrage fondateur, pour essayer de comprendre les causes de la défaite. Il s'interroge sur les choix politiques antérieurs, les aptitudes du haut commandement militaire, l'attitude des Britanniques, les responsabilités des élites comme des simples citoyens, ouvrant la voie à d'innombrables publications ultérieures. La démarche est particulièrement pertinente, car en histoire aucun événement ne surgit *in abstracto*, et aucun n'a davantage d'origine unique.

Mais la défaite a été si rapide et si totale, elle a été suivie de tant de déchirements, qu'une explication radicale s'imposait. Ce fut pour les uns le Front populaire et l'antimilitarisme, pour les autres le fascisme et ses succédanés antirépublicains. Les thèses s'affrontent, devant la justice (procès de Riom) et l'opinion (discours politiques, tribunes des intellectuels, publications diverses), qui contribueront, dans un contexte de guerre froide et de lutte idéologique, à figer les lignes pour de longues années, en raison du poids de la condamnation morale du régime de Vichy. Les années 1960 inaugurent les tentatives d'explication plus mesurées et subtiles, plus complexes aussi.

Les anciens belligérants se sont également intéressés à la « drôle de guerre » (de la déclaration de la guerre à l'Allemagne, le 3 septembre 1939, au début de l'offensive du IIIe Reich, le 10 mai 1940) et à la campagne de France (du 10 mai 1940 à l'armistice du 22 juin). Depuis le Britannique Alistair Horne en 1969[1], les historiens anglo-saxons et allemands ont publié des ouvrages importants. On citera ici les débats suscités par la parution en 2003 de la version française du livre de Karl-Heinz Frieser sur l'offensive allemande de mai[2] : la guerre éclair a-t-elle été conceptualisée en amont ou définie ultérieurement en fonction du déroulement des opérations ? Plus récemment, avec Dominique Lormier[3], une série d'ouvrages hagiographiques prétend « réhabiliter » les soldats français de 1940. À l'opposé, le discours d'intellectuels de gauche sur les responsabilités de groupuscules d'extrême droite dans la défaite semblait avoir perdu toute crédibilité, jusqu'à un étonnant

1. Alistair Horne, *To Lose a Battle. France 1940*, Londres, Macmillan, 1969.

2. Karl-Heinz Frieser, *Le Mythe de la guerre-éclair. La campagne de l'Ouest de 1940*, Paris, Belin, 2003.

3. En particulier Dominique Lormier, *Comme des lions. Le sacrifice héroïque de l'armée française, mai-juin 1940*, Paris, Calmann-Lévy, 2005.

retour au milieu des années 2000. S'efforçant de défendre l'historienne Annie Lacroix-Riz[4], selon laquelle un complot des adversaires de la République serait à l'origine de l'effondrement, Gilles Perrault, pourtant peu suspect de sympathie pour les exégètes de Pétain, publie dans *Le Monde diplomatique* d'août 2006 une tribune titrée : « Quand une défaite compte autant de parrains... » Sur le fond, tout est dit : aucune explication strictement politique n'est satisfaisante.

Pourtant, la plupart des auteurs adoptent une approche sectorielle ou thématique et analysent les événements au seul prisme de la politique intérieure, des questions diplomatiques ou militaires, voire microtactiques. Depuis une dizaine d'années, le nouvel angle de l'uchronie – la réécriture de l'histoire relatant les faits tels qu'ils auraient pu se produire – s'est emparé du sujet avec un ouvrage remarqué[5].

En dépit de ces très nombreuses publications, les idées reçues perdurent. Le propos de ce livre est de corriger des affirmations cent fois répétées, de revenir aux faits en intégrant les dernières avancées de la recherche, les archives officielles, les témoignages des acteurs, la presse du temps et les fonds

4. Annie Lacroix-Riz, *Le Choix de la défaite. Les élites françaises dans les années 1930*, Paris, Armand Colin, 2009.

5. Jacques Sapir, Frank Stora et Loïc Mahé, *1940. Et si la France avait continué la guerre...*, Paris, Tallandier, 2010.

privés[6]. Il s'agit de tenter de répondre à la question qui s'est posée dès la signature de l'armistice en forêt de Compiègne le 22 juin 1940 : pourquoi et comment en est-on arrivé là ?

6. En particulier fonds privés Gamelin (SHD Vincennes, 1K224), Weygand (1K130), Loiseau (1K213), Doumenc (communiqué par la famille), etc.

1

La France a-t-elle surestimé le réarmement de l'Allemagne ?

> « La veulerie dont on fit preuve à cette occasion a convaincu Hitler qu'il pouvait se permettre sans grand danger des gestes brutaux. »
>
> *Le Journal des débats*, 18 mars 1935

Les articles 42 et 43 du traité de Versailles sont parfaitement clairs. Depuis 1919, l'Allemagne a interdiction « de maintenir ou de construire des fortifications sur la rive gauche du Rhin » et de procéder à « l'entretien ou [au] rassemblement de forces armées ». Tant que la France conserve une armée d'occupation sur le Rhin et que la fragile république de Weimar, en dépit du camouflage systématique des effectifs et des matériels – pour échapper à l'obligation de n'entretenir qu'une armée de 100 000 hommes sans armement lourd –, n'exprime pas de volonté revancharde, aucune menace directe ne pèse sur la frontière française.

Au pouvoir en janvier 1933, Hitler veut rendre à l'Allemagne sa pleine souveraineté internationale. Il engage dès l'été la reconstitution d'une armée dégagée des contraintes du traité de Versailles. En 1935, la Luftwaffe et la Kriegsmarine sont créées, tandis que le service militaire obligatoire est rétabli. Dans un éditorial du 18 mars 1935, le *Journal des débats* ne cache pas les dangers suscités par ces initiatives : « Tout cela aurait dû être prévu par les hommes d'État européens s'ils s'étaient donné la peine d'étudier *Mein Kampf*. [...] Mais on a préféré croire que le Führer s'était amendé. [...] Qu'il s'agisse d'opérations politiques ou militaires, c'est sur des offensives foudroyantes que l'Allemagne compte pour réaliser ses desseins. [...] Si on ne lui fait pas voir qu'elle s'exposera à un désastre rapide et complet, l'Allemagne procédera un jour dans des conditions analogues, soit du côté de l'Autriche, soit ailleurs. Elle peut aussi remilitariser la Rhénanie. »

Non seulement cette exhortation n'est pas entendue, mais les Alliés réagissent en ordre dispersé et adoptent des positions différentes. Ainsi le Royaume-Uni signe-t-il le 15 juin avec l'Allemagne un accord naval reconnaissant de fait le réarmement du Reich. À la veille de quitter le service actif, le général Weygand, désabusé, écrit : « J'estime, après quatre ans de loyale et persévérante pratique, que jamais je n'aurais dû accepter ce commandement, avec responsabilités sans égales et pouvoir insuffisant. J'en ai assez de voir mon nom servir de paravent à des ministres qui ne m'écoutent pas[1]. » Au sommet de l'État, l'ignorance ou le divorce entre responsables politiques et chefs militaires est une réalité.

En fait, le réarmement allemand est clairement perçu par de nombreux observateurs, mais la France ne dispose plus ni des moyens ni des alliances pour s'y opposer. La priorité des Anglo-Saxons est de réintégrer l'Allemagne dans le concert des nations. La non-ratification du traité de Versailles par les États-Unis en 1919-1920 a entraîné l'abandon des accords bilatéraux de défense et de sécurité entre la France, le Royaume-Uni et les États-Unis. Paris est donc seul face au Reich allemand, tandis que Berlin porte la durée du service militaire à deux ans en août 1936, offrant à l'Allemagne une armée de 800 000 hommes à trente-neuf divisions, dont trente-six d'infanterie.

La France reste enfermée dans une conception étroite de la paix et du désarmement, dans le sillage de son quasi inamovible ministre des Affaires étrangères et président du Conseil pendant dix ans – à partir du début des années 1920 –, Aristide Briand, à l'origine des accords de Locarno (1925) qui prévoient la fin du contrôle du désarmement allemand et la réduction de la durée de l'occupation française

1. Lettre privée au général Réquin, citée par Jean-Paul Cointet, « Gouvernement et haut commandement en France entre les deux guerres », *Défense nationale*, avril 1977, p. 83-100, p. 85.

sur la rive gauche du Rhin. Dans un pays où les souffrances de la Grande Guerre sont encore vives, cette politique est accueillie favorablement.

Le renseignement militaire français prévoit avec une remarquable pertinence la remilitarisation de la Rhénanie par Hitler. Mais il commet l'erreur de surévaluer systématiquement la réalité du réarmement, entretenant le haut commandement et les responsables politiques dans le choix d'une politique défensive et le culte de la ligne Maginot[2]. Paris adopte une posture de repli alors que son voisin saisit toutes les opportunités.

Ce réarmement ne peut être complet sans la remilitarisation de la Rhénanie, glacis entre les deux pays. Déjà la Sarre est revenue au Reich à la suite d'un plébiscite en janvier 1935. Consciente de ses faiblesses, la France cherche à reconstituer un front oriental crédible en renouant avec l'URSS. Le 7 mars 1936, alors que les députés français débattent de la ratification du traité avec Moscou, Hitler saisit ce prétexte pour annoncer la restauration « à la date de ce jour, [de] la pleine et entière souveraineté du Reich dans la zone rhénane démilitarisée ». Le même jour, les unités de la Wehrmacht renaissante (alors constituées sur la base de formations de police armée) investissent la province.

---

2. Voir sur ce sujet le chapitre 5, « La Rhénanie », dans Peter Jackson, *La France et la menace nazie, 1933-1939*, Paris, Nouveau Monde éditions, 2017, 620 pages, p. 233-257.

À cette annonce, Albert Sarraut, élu radical-socialiste de l'Aude et président du Conseil ou ministre dans la plupart des gouvernements, lance la célèbre formule : « Nous ne sommes pas disposés à laisser Strasbourg sous le feu des canons allemands. »

La France, avec une cinquantaine de divisions, a les moyens militaires d'intervenir face à une armée convalescente. Mais le gouvernement fait le choix d'en rester aux déclarations d'intention. Le général Gamelin émet les plus fortes réserves sur une réaction trop vive, et la marine comme l'armée de l'air affirment ne pas être prêtes à prendre le risque d'un conflit. Pour le commandant en chef, excessivement prudent et semblant déjà douter de la possibilité de vaincre : « Il est vraisemblable que des opérations se déroulant entre Rhin et Moselle, dans un terrain difficile, conduiraient assez vite à un équilibre des forces opposées sans que nous puissions déterminer d'avance s'il nous sera possible de pénétrer très profondément en territoire ennemi. [...] Si le conflit survient seulement dans quelques années, alors que les faiblesses signalées pour l'armée allemande s'atténueront progressivement, il paraît encore plus difficile d'espérer mieux que l'équilibre des forces[3]. »

Enfin, une éventuelle mobilisation, même partielle, est rejetée car on est à quelques semaines des

3. Cité par le colonel Pierre Lyet, « Témoignages et documents, 1939-1940 », *Revue historique de l'armée*, n° 1/1960, p. 139-154, p. 141.

élections législatives. Le dimanche 8 mars, *Le Matin* constate que Paris, « fidèle au traité de Locarno, a décidé de saisir le Conseil de la Société des Nations ». Toute la classe politique s'en félicite, à l'instar du socialiste Léon Blum, dans un article publié par *Le Populaire* du 7 avril : « Le gouvernement français aurait donc eu le droit strict de considérer le passage du Rhin par la Reichswehr comme une voie de fait flagrante, comme un acte de guerre, et même, je le répète, comme une invasion. Il ne l'a pas fait. Je ne crois pas qu'il ait songé un seul moment à le faire ; je n'ai pas connaissance qu'un seul parti politique, qu'un seul organe responsable de l'opinion lui ait reproché de ne pas l'avoir fait. Au lieu de remettre ses passeports à l'ambassadeur allemand, de mobiliser, de mettre les puissances garantes en demeure de remplir sur-le-champ des obligations militaires incontestables, il a saisi la Société des Nations. Entre le règlement direct par les armes et la procédure de règlement pacifique par l'entremise et l'action internationale, ni le gouvernement français ni l'opinion française n'ont hésité. Ne nous y trompons pas, c'est un signe des temps. »

La Chambre des députés ratifie ce choix à une très large majorité (535 contre 75). L'opposition est largement formée par le PCF (73 députés). Un seul élu de droite, Henri de Kerillis, député de Neuilly, vote contre.

Les canons allemands peuvent « menacer Strasbourg ».

2

La France de 1940 était-elle pacifiste ?

« Aucun morceau de terre ne vaut que l'on meure pour lui. »

Jean Giono

Puissantes, structurées, disposant d'une presse associative largement diffusée, influentes lors des élections et donc au Parlement, les organisations d'anciens combattants jouent un rôle majeur dans la formation de l'opinion française de l'entre-deux-guerres en développant un discours à la fois patriotique et pacifiste.

Les millions d'adhérents de ces associations[1], souvent présidées par des généraux prestigieux,

1. La seule Union nationale des combattants d'Ille-et-Vilaine compte 25 000 adhérents dans les années 1930 : Yann Lagadec, « L'Union nationale des combattants en Ille-et-Vilaine dans l'entre-deux-guerres : le témoignage du docteur René Patay », *Bulletins et mémoires de la société archéologique et historique d'Ille-et-Vilaine*, 2013, p. 286-317, cité sur le site « En Envor ».

refusent de revivre un conflit aussi meurtrier que la Grande Guerre (la « der des ders »). En 1932, le journal de la puissante Union nationale des combattants (UNC) affirme une nouvelle fois sans équivoque : « La guerre est un fléau plus redoutable que la lèpre, la peste, le choléra, le cancer ou la tuberculose. La guerre tue non seulement les hommes, mais aussi les consciences. La guerre déchaîne fatalement les plus bas instincts et elle laisse des ruines morales plus douloureuses encore que les ruines matérielles et plus tragiques que les hécatombes mêmes[2]. »

La même année, à la suite de la mort d'Aristide Briand, cette organisation, qui a activement soutenu sa politique étrangère, publie une nécrologie élogieuse : « Dans notre émotion douloureuse, nous ne pouvons, au nom des "sangliers[3]" et en notre nom personnel, que saluer tristement et respectueusement celui qui fut le "pèlerin de la paix", le grand Français qui incarnait si bien la France, avec ses grandes qualités de fierté, de bonté, de justice et de droiture, l'homme enfin qui faisait honneur à l'humanité tout entière[4]. »

2. *La Voix du combattant*, 13 août 1932.

3. Surnom que se donnent les anciens combattants des Ardennes.

4. *Le Combattant sanglier*, organe de l'UNC des Ardennes, mars 1932, cité par Antoine Prost, *Les Anciens Combattants, 1914-1940*, Paris, Gallimard, 1977 ; rééd. coll. « Folio Histoire », 2014, 336 pages, p. 157.

Cet engagement, soutenu par la majorité de la population, a des conséquences politiques et militaires. Le choix de la politique de désarmement (la « politique de Genève »), les propagandes insidieuses, les attaques frontales contre l'institution militaire constituent le terreau sur lequel peut se développer le pacifisme. En faisant « la guerre à la guerre », celle-ci deviendra impossible. La défensive seule est tolérée et le refus de toute initiative « belliciste » est érigé en dogme, entraînant la paralysie générale des grands ministères régaliens des Affaires étrangères et de la Guerre. Quant à la société, elle semble par avance rejeter toute décision « militariste ».

En 1933, le colonel de Gaulle publie dans la *Revue politique et parlementaire* un article, ébauche de *Vers l'armée de métier* (1934), où il présente son projet de corps mécanisé professionnalisé de 100 000 hommes. Il enregistre un succès d'estime dans certains cercles politiques ou journalistiques, mais se heurte à la grande majorité des élus. En mars 1935, à la suite d'une intervention de Paul Reynaud à la tribune de la Chambre des députés, le débat sur le rôle du moteur sur le champ de bataille, jusqu'ici limité à l'état-major, est porté devant la représentation nationale, mais il n'échappe pas aux jeux de pouvoir, aux ambitions personnelles et aux manœuvres partisanes. « Si le conformisme du parti de la conservation se montrait foncièrement hostile, celui du parti du mouvement n'était pas mieux disposé, écrira de Gaulle. [Léon Blum] se dressait lui aussi contre le corps spécialisé. Il le faisait non point en invoquant l'intérêt de la défense nationale, mais au nom d'une idéologie qu'il intitulait démocratique et républicaine, et qui, dans ce qui était militaire, voulait traditionnellement voir une menace pour le régime. [...] Ainsi étayées à droite et à gauche, les instances officielles se refusèrent à tout changement[5]. »

Le pacifisme des anciens combattants ne doit pas être confondu avec l'antimilitarisme du parti communiste et de ses organisations satellites, au moins jusqu'à la naissance du Front populaire, en avril 1936. Le PCF reprend les mots d'ordre du Komintern, l'Internationale communiste, contre « les capitalistes fauteurs de guerre » et bénéficie de la clémence des intellectuels « compagnons de route ». Lorsque Jean Giono écrit « [qu'] aucun morceau de terre ne vaut que l'on meure pour lui », il rencontre un réel écho et ne dit pas autre chose que le secrétaire général du parti, Maurice Thorez, lorsqu'il déclare à l'Assemblée nationale le 2 septembre 1936 : « Il faut s'entendre avec quiconque veut la paix, avec quiconque offre une chance, si minime soit-elle, de sauvegarder la paix. [...] Il faut s'entendre même avec l'Allemagne

---

5. Charles de Gaulle, *Mémoires de guerre*, t. 1, *L'Appel, 1940-1942*, Paris, Plon, 1954, p. 15.

de Hitler. » Bien que profondément distincts, communistes et anciens combattants n'en nourrissent pas moins un climat général hostile à l'évocation des questions militaires. Pour l'immense majorité de la population, la défensive est la seule option possible et l'armée, respectueuse des autorités et soucieuse de l'opinion, finit par privilégier la prudence.

À son retour de la signature des accords de Munich[6], le président du Conseil Édouard Daladier est accueilli à l'aéroport par une foule en liesse : il a « sauvé la paix ». Deux mois plus tard, lors d'une visite en France du Premier ministre britannique, *Le Journal* du 24 novembre 1938 titre sur quatre colonnes à la une : « Neville Chamberlain, l'homme de la paix », et insiste sur [...] « la foule considérable qui l'acclamait sans fin ». Dans le même ordre d'idées, des délégations d'anciens combattants allemands sont encore invitées à participer à des manifestations patriotiques locales au printemps suivant.

À la question : faut-il « mourir pour Dantzig ? », posée dans *L'Œuvre* du 4 mai 1939 par le député néosocialiste de Paris Marcel Déat, la réponse

---

6. Les accords de Munich, signés les 29-30 septembre 1938 entre Chamberlain, Daladier, Hitler et Mussolini, devaient régler le statut de la minorité allemande de Tchécoslovaquie. Ils scellèrent d'abord l'abandon futur de la Tchécoslovaquie aux appétits du IIIe Reich.

semble évidente : « Non. » Elle s'impose comme le slogan de ralliement du mouvement pacifiste. Mais à l'été, les nuages s'accumulent, les pacifistes perdent de leur superbe. Après la mobilisation de l'armée allemande et les menaces de Berlin contre la Pologne, la population semble résignée. *Le Petit Parisien* résume en une phrase leur état d'esprit contradictoire : « Cette guerre que les Français n'ont pas voulue, avec la volonté inébranlable de la gagner[7]. »

7. Élie J. Bois, éditorial « Ni paix de trahison ni paix allemande », *Le Petit Parisien,* 11 octobre 1939.

3

Le Front populaire a-t-il désarmé la France ?

« Oui, il est utile que l'on sache, au-dehors comme au-dedans, notre armée forte, disciplinée et instruite, bien commandée à tous les degrés de la hiérarchie. »

Général Weygand, automne 1936

Contrairement à la propagande martelée par le régime de Vichy, les gouvernements Blum (5 juin 1936-21 juin 1937) et Daladier (12 avril 1938-11 mai 1939) n'ont pas affaibli militairement la France. Bien au contraire. L'historien Robert Frank observe même que « le gouvernement de Front populaire a plus dépensé pour les canons que pour le beurre ». En revanche, c'est sous la législature de la Chambre bleu horizon, l'une des plus à droite de la IIIe République, qu'une série de budgets insuffisants ont été adoptés au lendemain de la Grande Guerre. « Le budget de 1922 est un budget essentiellement factice, qui ne correspond ni au service de deux ans, ni au service de dix-huit mois, ni à une organisation militaire solide, s'insurge le lieutenant-colonel Fabry. En réalité, il fait vivre assez misérablement une vaste organisation née de la guerre, qui ne conserve plus qu'un caractère provisoire et que les effectifs actuels sont incapables de nourrir. » La situation ne cesse de se dégrader au cours des dix années suivantes, au point qu'en 1932, lorsque la gauche revient au pouvoir avec le radical Édouard Herriot, le chef d'état-major de l'armée, le général Weygand, écrit au ministre de la Guerre : « L'armée d'aujourd'hui est descendue au niveau le plus bas que permette la sécurité de la France dans l'état actuel de l'Europe. » Deux ans plus tard, l'Allemagne nationale-socialiste relance sa politique militaire. En France, la situation s'est encore aggravée : « À continuer les errements actuels, nous risquons de n'avoir bientôt plus dans l'armée qu'une façade, donnant une fausse sécurité en face de l'Allemagne réarmée[1]. »

En pratique, « les dépenses allouées au matériel neuf ne dépassent pas 12 % des crédits du ministère de la Guerre entre 1919 et 1934[2] ».

---

1. Cité dans colonel Pierre Lyet, « Témoignages et documents, 1939-1940 », art. cit., p. 140.

2. Olivier Wieviorka, « Démobilisation, effondrement, renaissance, 1918-1945 », dans Hervé Drévillon et Olivier Wieviorka (dir.), *Histoire militaire de la France*, vol. 2, *De 1870 à nos jours*, Paris, Perrin, 2018, 720 pages, p. 339.

Les prototypes sont nombreux, mais ils ne sont pas fabriqués à l'échelle industrielle pour doter les régiments. Selon le contrôleur général Hoff, « le Parlement, en dehors des "tranches navales", n'accorde des crédits que pour la défense de nos frontières. Le climat ne se prête pas à autre chose. À partir de 1932, ce sera bien pire encore ! [...] Nos finances étant dans un état déplorable, les budgets militaires supporteront le plus clair des économies décrétées successivement, économies qui atteindront les personnels et leurs crédits d'entretien, mais aussi les constructions neuves, et cela malgré les protestations multiples et véhémentes de Weygand[3] ». Dernier point : ces maigres crédits ne sont pas totalement dépensés, du fait du ministère de la Guerre qui ne suit pas les dossiers et des industriels qui, faute de rentabilité, ne font pas le saut du stade des études à celui de la fabrication.

Confronté à cet héritage, le Front populaire va réagir. Un chiffre donne la mesure de l'effort : entre 1935 et 1939, le montant du budget militaire passe de près de 13 milliards de francs à plus de 93. En progression constante sur la période, les dépenses liées à la défense nationale atteignent

---

3. Contrôleur général Pierre Hoff, « Les programmes d'armement de 1919 à 1939 », *Bulletin trimestriel de l'Association des amis de l'École supérieure de guerre*, n° 94, 2e trimestre 1982, p. 34.

23 % du PIB en 1939[4]. Dès l'automne 1936, le général Weygand s'en félicite, mais il l'exprime avec une prudente litote : « Oui, il est utile que l'on sache, au-dehors comme au-dedans, notre armée forte, disciplinée et instruite, bien commandée à tous les degrés de la hiérarchie. [...] L'armée française est aussi bonne qu'elle peut l'être avec les lois qui la régissent et les crédits dont elle a disposé jusqu'ici[5]. »

Le principal artisan de cet effort est Édouard Daladier, ministre de la Guerre à partir de 1936 et président du Conseil deux ans plus tard, qui met en œuvre trois grands programmes d'armement. Celui de 14 milliards, du 7 septembre 1936, dans la foulée de la militarisation de la Rhénanie, augmenté de son propre chef (Gamelin demandait environ 11 milliards) : il donne la priorité aux chars et aux automitrailleuses, à la DCA et à l'aviation. Celui, complémentaire, de 12 milliards, du 2 mai 1938, adopté moins de trois semaines après sa nomination à la présidence du Conseil, juste après l'Anschluss (l'annexion de l'Allemagne par l'Autriche, le 12 mars 1938) : il porte l'effort sur les matériels antiaériens. Celui du printemps 1939, enfin, dans la foulée du démembrement de

4. Robert Frank, *Le Prix du réarmement français (1935-1939)*, Paris, Publications de la Sorbonne, 1982, 382 pages, p. 35.

5. Général Weygand, « L'état militaire de la France », *Revue des Deux Mondes*, 15 octobre 1936, p. 721-736, p. 722.

la Tchécoslovaquie : 65 milliards de francs sur quatre ans. En juin 1939, les dépenses militaires atteignent le chiffre jamais égalé de 37 milliards, et un nouveau plan d'équipement de 64 milliards est en cours de préparation lorsque surviennent les déclarations de guerre.

Parfois mises en cause, les nationalisations du Front populaire à l'été 1936 ne concernent en réalité que quelques grands industriels de l'armement, notamment dans l'aéronautique, alors que 4 000 entreprises travaillent dans ce secteur (soit 10 000 ouvriers sur 70 000). Revers de la médaille, la dispersion du potentiel industriel entre de très nombreuses petites et moyennes entreprises pénalise les capacités d'innovation et de production. Par ailleurs, les dirigeants de deux des principales sociétés concernées pour les matériels terrestres, Schneider et Brandt, multiplient les gestes de mauvaise volonté et les recours judiciaires, avec pour premier résultat le ralentissement de la production.

On peut, certes, considérer que la loi sur la semaine de 40 heures, votée en juin 1936 et véritable symbole du Front populaire, a contribué à limiter les niveaux de production. Mais Léon Blum en suspend l'application dans les usines aéronautiques (45 heures). Par ailleurs, Daladier, autorisé par le Parlement à gouverner par décrets-lois, utilise tous les ressorts réglementaires pour faciliter le développement de la production. Enfin, les effets de la crise du début des années 1930 continuent de se faire sentir. En 1938, l'indice général de la production atteint seulement 75 % de celui de 1929. Aussi, le réarmement français décidé à l'automne 1936 commence-t-il à peine à faire sentir ses effets en 1938-1939, au moins pour les forces terrestres, même si l'essentiel des matériels a été mis au point ou expérimenté l'année précédente (Renault R-35, Hotchkiss H-35, etc.) ou peu de temps auparavant (chars B1 en 1933-1935).

À la veille de la Seconde Guerre mondiale, chacune des trois armées ne dispose pas des mêmes atouts. La Marine nationale, pièce maîtresse de l'Empire, qui a bénéficié d'un effort régulier à partir de 1925, se situe au quatrième rang mondial. L'armée de l'air, créée officiellement le 1er avril 1933, est confrontée au trop grand nombre de constructeurs nationaux et à leurs capacités de production respectives limitées. En outre, la volonté de cette nouvelle arme de se distinguer à tout prix de l'armée de terre conduit à négliger l'appui direct des troupes au sol, choix doctrinal que fera pourtant la Luftwaffe. Dans cet ensemble, l'armée de terre fait figure de parent pauvre. Après une décennie budgétaire (1924-1935) difficile, le volontarisme de Daladier permet néanmoins la fabrication des matériels jugés les plus déficitaires. Mais les retards ne pourront jamais être rattrapés et les capacités industrielles se révéleront là aussi insuffisantes pour répondre aux commandes dans les délais fixés. En outre, malgré leur détermination, Blum et Daladier restent fondamentalement convaincus que la résolution de toute crise internationale passe par la négociation ; mais ils savent aussi qu'en situation de faiblesse trop marquée, leur crédibilité serait nulle.

4

La France manquait-elle d'enfants ?

« On se demande pourquoi et comment ces réservistes ont été nommés sous-officiers dans la réserve car ils sont à peine capables d'être caporaux. »

Chef de bataillon Malaguti

Traumatisés par la Grande Guerre, les Français, classe politique en tête, se méfient de l'armée, suspectée de favoriser « l'attaque brusquée », caractéristique des politiques agressives. Le service militaire obligatoire, passé de trois à deux ans, puis à dix-huit mois en 1923, est ramené à un an en 1928. Résultat : le pays ne dispose plus en temps de paix d'un corps de bataille cohérent. En outre, ses réserves immédiatement mobilisables diminuent comme peau de chagrin, tandis que les délais d'organisation et de mobilisation des nouvelles unités ne cessent de s'allonger. La France fonde officiellement sa défense sur de gros bataillons d'infanterie… qu'elle n'a plus la ressource d'approvisionner en hommes.

La mobilisation en septembre 1939 concerne ainsi vingt-neuf classes, soit bien davantage qu'en août 1914. Mais sur les quelque 4 200 000 hommes appelés sous les drapeaux, un tiers sont âgés de plus de quarante ans et 600 000 seulement ont moins de vingt-cinq ans, soit moins de la moitié des totaux des premières semaines de la Grande Guerre. « 500 000 hommes des classes 1909 à 1917 ayant participé à la guerre de 1914-1918 sont rappelés, même si la plupart retrouvent leurs foyers rapidement, à l'exception des officiers de réserve[1] », souligne François Cochet.

À la veille de la guerre, l'armée française a une moyenne d'âge plus élevée et compte dans ses rangs davantage de chargés de famille qu'en 1914. La seule ressource est constituée par les jeunes de dix-huit et dix-neuf ans, mais leur nombre est insuffisant pour couvrir les pertes envisagées. Quant à l'encadrement, la question des capacités physiques, voire morales, d'une partie de celui-ci se pose.

Toutes ces insuffisances trouvent leur explication dans la saignée de la population masculine (entre vingt et quarante ans) pendant la Première Guerre mondiale : autour de 20 % pour les seuls morts du conflit, particulièrement parmi les plus

1. François Cochet, *Les Français en guerre de 1870 à nos jours*, Paris, Perrin, 2017, 541 pages, p. 55.

jeunes classes. Au total, la France a perdu environ 1 350 000 jeunes hommes, auxquels il convient d'ajouter plusieurs centaines de milliers de blessés graves décédés après le conflit ou définitivement invalides et dans l'incapacité de fonder une famille.

Au début des années 1930 surgit naturellement le phénomène des « classes creuses », correspondant au « manque à naître » : les enfants que les morts et invalides de guerre n'ont pu avoir. L'ampleur du déficit des naissances est estimée à 100 000 hommes au moins par classe d'âge. Il est aggravé par les comportements malthusianistes (diminution du nombre des familles nombreuses) ancrés dans le pays. Entre 1919 et 1939, la population française passe ainsi de 38,6 millions à 41,51 millions, et le déficit naturel des naissances est évalué à plus de 1,6 million.

Comment conserver les effectifs à un niveau minimal tout en créant de nouvelles unités : artillerie lourde, chars de combat, aviation ? Pour résoudre ce casse-tête, l'état-major supprime des régiments, brigades et divisions dans les grandes armes traditionnelles, en particulier la cavalerie et l'infanterie. Au terme de ces « mesures d'adaptation », il ne reste plus que vingt divisions d'infanterie, dont trois régiments d'infanterie sur cinq ont été dissous et dont 30 % de l'effectif « guerre » doit être fourni par la mobilisation. Par ailleurs, celle-ci doit assurer la création et la montée en puissance d'une quarantaine de divisions de réserve (avec un noyau d'active qui parfois n'atteint pas les 5 % de l'effectif total), afin de porter les armées françaises à un niveau acceptable. Les politiques, et derrière eux Gamelin et l'état-major, attribuent aux réserves un rôle absolument essentiel.

Si la gestion et l'organisation des réservistes sont bien maîtrisés, leur formation laisse à désirer. Seulement 20 à 40 % d'entre eux répondent aux convocations, et pour ceux-ci l'entraînement se limite le plus souvent à l'emploi des armes individuelles, sans exercice collectif. Par ailleurs, les matériels d'instruction sont déclassés et en nombre insuffisant. Cette réalité paralyse le haut commandement et explique en grande partie la quasi-absence de réaction de la France lors de l'ultime crise tchèque (mars 1939) et pendant la campagne de Pologne (septembre 1939). Au printemps 1940 encore, lors de la mise sur pied du 41e bataillon de chars de combat (BCC), le chef de bataillon Malaguti ne cache pas son désarroi : « L'instruction tactique a besoin d'être encore développée, note-t-il, car elle est vraiment à peine rudimentaire pour presque tous les officiers de réserve. [...] On se demande pourquoi et comment ces réservistes ont été nommés sous-officiers dans la réserve car ils sont à peine capables d'être caporaux[2]. » Moins sévère, le sous-lieutenant Prunet,

2. Cité par Stéphane Bonnaud, « Le 41e BCC, la veillée d'armes », *GBM*, n° 127, janvier 2019, p. 59-80, p. 63.

de la 3e compagnie du 13e BCC, n'en souligne pas moins les carences des troupes. « Neuf officiers sur vingt-huit sont d'active, les autres sont des réservistes (ingénieurs, avocats, agriculteurs et un prêtre). Le personnel est composé de Bretons du Morbihan en majorité, quelques Vendéens (un sur cinq) et quelques Parisiens (un sur vingt). Bon recrutement. Hommes sérieux, bien instruits sur le matériel chars. Beaucoup cependant n'ont vu que le vieux matériel FT[3]. Ils s'adapteront au matériel moderne assez rapidement mais incomplètement et n'en tireront jamais le rendement maximal. Troupe facile à commander, très bien en main et possédant une volonté certaine de combattre[4]. »

Le constat est implacable. La France n'a plus les moyens d'entretenir l'armée de masse sur laquelle elle prétend fonder sa défense.

3. Il s'agit de vieux chars Renault FT-17 hérités de la Grande Guerre et totalement dépassés.

4. Cité par Stéphane Bonnaud et Régis Potié, « Le 13e BCC au combat, mai 1940 », *GBM*, n° 115, janvier 2016, p. 25-52, p. 25.

5

La ligne Maginot était-elle une bonne idée ?

« Le béton vaut mieux [...] et coûte moins cher que le mur de poitrines. »

André Maginot, ministre de la Guerre

La France meurtrie de 1919 constate avec stupeur le coût des destructions opérées sur son sol pendant les quatre années de la Première Guerre mondiale. Dans les départements du Nord et du Nord-Est, en totalité ou en partie occupés par les Allemands depuis 1914, les infrastructures et les ouvrages d'art sont à reconstruire, les villes sont à rebâtir, les services publics à remettre en marche, les usines à relever et à rééquiper, les zones agricoles à dépolluer. Dans l'hypothèse d'une prochaine guerre, tout doit être conçu pour que les opérations militaires ne se déroulent pas sur le territoire national. L'idée n'est pas nouvelle, mais elle devient majoritaire. Dès la fin de l'année 1919, le maréchal Pétain suggère au gouvernement de créer

« une armée d'opérations outillée [...] pour mener la guerre en territoire ennemi le plus loin possible » et d'aménager « une organisation proprement dite de la frontière pour en assurer l'inviolabilité ». Quelques années plus tard, il demandera que les sommes prévues pour la ligne Maginot soient en partie affectées à la modernisation et à la motorisation des armées.

Les responsables militaires se divisent en deux groupes : ceux qui sont favorables à la construction d'un nouveau système fortifié sur les frontières de l'Est, et ceux qui privilégient l'amélioration des capacités de manœuvre, Pétain s'efforçant d'en faire la synthèse. Le projet de système fortifié prend rapidement, dans la presse comme dans le public, le nom d'André Maginot, ancien combattant de la Grande Guerre, député de la Meuse, ministre de la Guerre de 1920 à 1924, puis en 1929 et en 1931. Toute son énergie est tendue vers l'accélération des travaux de fortification. Il fait notamment adopter en janvier 1930 la loi qui en permet un financement pluriannuel, afin de garantir leur achèvement, hors des aléas de la politique budgétaire. « Quelle que soit la conception qu'on puisse se faire d'une guerre future, explique-t-il aux députés, il est une nécessité qui demeure impérieuse, c'est d'empêcher l'invasion du territoire. [...] Le béton vaut mieux à cet égard et coûte moins cher que le mur de poitrines. »

Les travaux de la Commission de défense du territoire débutent à l'été 1922. Les premières réflexions du Conseil supérieur de la guerre (CSG) ne prévoient alors pas de créer une ligne continue de la Suisse à la mer du Nord. Du fait de l'opposition entre Pétain et Joffre, ce dernier n'étant pas favorable à cet investissement dans la fortification permanente, cette première commission est dissoute et aussitôt remplacée par une seconde, confiée au général Guillaumat, qui se range à l'avis de Pétain : l'aménagement de trois grandes régions fortifiées entre Belfort et la frontière luxembourgeoise. Il s'agit, pour ses promoteurs, d'établir un système de puissants môles défensifs permettant aux armées en campagne de manœuvrer dans les intervalles. Le projet prend du retard après les élections législatives de 1924 et la victoire du Cartel des gauches, mais aussi du fait des révoltes du Djebel Druze au Levant et du Rif au Maroc, qui obligent à réorienter l'effort militaire. Mais il reste d'actualité. « En cas d'événements graves [la fortification permanente] [...] offre une suprême ressource, note un rapport de la fin de l'année 1926. Enfin, avec le perfectionnement des armes, elle autorise des économies d'occupation croissantes. [...] Elle doit être considérée comme un sacrifice pécuniaire à consentir pour compenser la faiblesse de la natalité. » Le projet est finalisé en moins d'un an dans une optique purement défensive, et le ministre de la Guerre, Paul Painlevé, fait adopter les premiers budgets permettant de lancer les travaux préparatoires pour les ouvrages de Rochonvillers, du Hochwald, du Hackenberg, dans le Nord-Est, et de Rimplas, au nord de Nice. Jusqu'en 1926-1928, quelques officiers généraux, à l'instar du général Guillaumat, tentent sans succès de limiter cette dérive défensive où la fortification permanente constitue la suprême protection : « Il est dangereux de laisser se répandre la notion fausse et démoralisante qu'avec la fortification on assure l'inviolabilité d'un pays, regrette-t-il, et qu'un système matériel quelconque puisse être substitué au rude labeur de la préparation des volontés, des cœurs et des cerveaux[1]. » Le choix est plus politique que militaire. Pétain lui-même, pourtant globalement favorable au projet, émet de nettes réserves. « Nous allons gaspiller 5 milliards à faire de gros ouvrages, observe-t-il. [...] Les crédits doivent être consacrés avant tout à la modernisation de l'armée. [...] Il ne servirait à rien d'avoir des fortifications si l'on n'avait pas d'armée[2]. »

Chacune des trois régions fortifiées (secteurs de Metz, Belfort et nord de l'Alsace) est constituée d'un ensemble d'ouvrages, principaux et secondaires, enterrés, et de blocs de combat, dont

1. Général Guillaumat, cité par J.-M. Marill, « La doctrine militaire française entre les deux guerres », *Revue historique des armées*, n° 3, 1991, p. 24-34, p. 27.

2. *Ibid.*, p. 28.

les feux se croisent. Le coût total est évalué à 2,9 milliards de francs. La moitié est consacrée à la seule région fortifiée de Metz, qui couvre le bassin minier et industriel de Lorraine. Les estimations initiales sont rapidement dépassées et le coût total atteindra finalement 5,5 milliards. En dépit de la mesure dérogatoire à l'annualité des procédures budgétaires, acceptée par une majorité des députés, les crédits alloués sont insuffisants. Certains équipements, voire la construction d'ouvrages, doivent être abandonnés.

Le gros œuvre est pratiquement terminé en 1933-1934. Il forme un ensemble impressionnant : quarante-quatre gros ouvrages d'artillerie, soixante-deux ouvrages moyens d'infanterie, trois cent soixante-cinq casemates, quatre-vingt-neuf abris d'intervalles. Très vite, des critiques se font jour sur la région alsacienne, où les défenses se limitent à une double ligne de blockhaus, et sur la frontière du Nord, volontairement sous-équipée pour ne pas inquiéter la Belgique, à l'exception de quelques rénovations autour de Valenciennes. Dans la seconde moitié des années 1930, d'autres aménagements défensifs, plus légers, sont ajoutés. Le système ne va pas cesser de se développer jusqu'à la Seconde Guerre mondiale, avec l'aménagement d'installations complémentaires, aboutissant finalement à la création d'un réseau presque continu le long de la frontière belge et entre les intervalles des principaux sites. En fin de période, la construction des dernières installations ne répond plus à une planification nationale, mais aux choix des commandants des régions militaires frontalières. À l'été 1939, ce que les Français appellent la « ligne Maginot » est bien en voie de constituer un ensemble ininterrompu de la Suisse aux Flandres.

Le coût exorbitant des ouvrages, alors que les finances nationales sont en difficulté, interdit toute discussion de fond sur les questions militaires. « Comment peut-on croire que nous songions encore à l'offensive quand nous avons dépensé des milliards pour établir une barrière fortifiée[3] ? », déclare le général Maurin, ministre de la Guerre. « L'œuvre accomplie représentait déjà une dépense de près de 5 milliards, il en faudrait autant, au minimum, pour la prolonger dans le Nord, précise le général Gamelin dans ses Mémoires. D'où la résolution de nous contenter, en dehors des perfectionnements que j'indiquais plus haut [...], de créer sur les parties non fortifiées une ossature du champ de bataille en réalisant les obstacles antichars, les réseaux de fil de fer et un certain nombre de casemates légères ou de blockhaus assurant le système de feux à base de flanquement. »

À la veille de la guerre, on ne compte pas moins de vingt-cinq « secteurs fortifiés », d'une qualité très

3. Général Maurin, ministre de la Guerre, devant l'Assemblée nationale le 3 mars 1935, lors du débat sur la prolongation du service militaire.

inégale, forte en Lorraine et dans les Alpes, moindre en Alsace et sur la frontière du Nord. « La nouvelle fortification permanente, que les esprits sages des années 1920 concevaient comme le bouclier masquant le mouvement de l'épée, se transforme en muraille continue », selon la formule de l'historien Michaël Séramour. Un sentiment de sécurité se diffuse dans le pays : que pourrait-il nous arriver derrière de telles protections ? L'ensemble illustre concrètement dans le paysage le choix exprimé par Daladier en juin 1936 devant le Comité permanent de la défense nationale : « La politique d'abord défensive de la France est le fait fondamental qui façonne les plans stratégiques du pays. »

Au fur et à mesure de l'achèvement des ouvrages, les troupes prennent leurs quartiers. Sont créées des unités aux appellations nouvelles, les régiments d'infanterie de forteresse (RIF) et les régiments d'artillerie de position (RAP) ou de forteresse (RAF). Constitués de spécialistes sélectionnés pour leurs qualités physiques et leurs compétences techniques, régulièrement entraînés, ces régiments développent rapidement un état d'esprit spécifique, proche de celui des unités d'élite et des équipages de sous-marins. Il s'exprime dans une devise répétée à l'envi dans les discours officiels et dans la presse : « On ne passe pas ! » Intellectuellement et moralement, ces troupes sont en parfaite adéquation avec la société. L'objectif est de défendre le sol national en utilisant toutes les ressources de la technique pour économiser des vies humaines, mais sans esprit de recul. Le dispositif s'articule entre les garnisons qui tiennent effectivement les ouvrages, au sein desquelles armes et spécialités sont mélangées pour assurer l'entretien et la mise en œuvre de moyens sophistiqués, et les troupes d'intervalles, pour l'essentiel des fantassins entraînés au combat à l'air libre.

Mais on atteint là les limites du système. Paradoxalement, les ouvrages prévus pour économiser des troupes sont désormais protégés à l'extérieur par des régiments d'infanterie. Et le système qui devait permettre de remplacer les fantassins immobilise de nombreuses divisions... Formidable réalisation technique, dont certains équipements étonnent encore aujourd'hui par leur modernité, la ligne Maginot n'a pu être réalisée qu'au détriment de l'armée de campagne. Dès 1936, le général Weygand exprime nettement cette idée : « Le matériel dont est dotée l'armée a fait depuis quelques années des progrès considérables. [...] Ce dernier a souffert de retards occasionnés par l'insuffisance des crédits et aussi par l'effort considérable exigé pour l'armement spécial des régions fortifiées[4]. » Pourtant, ce choix se justifiait dans un climat pacifiste et une crise des effectifs. Mais l'absence d'alternative ne pouvait qu'engendrer des conséquences dramatiques. Même si le général

4. Général Weygand, « L'état militaire de la France », art. cit., p. 731.

Georges, non sans une forme d'autojustification, affirmera après la guerre : « Nous considérions que ces obstacles et organisations présentaient un pouvoir d'arrêt certain d'une durée non négligeable qui permettrait le jeu des réserves générales et l'apport des divisions des secteurs voisins[5]. »

Finalement, le commandement ne demandait-il pas aussi, simplement, à ce vaste système défensif de lui faire gagner du temps ?

5. Général Georges en 1948, cité par Henri Ortholan, *La Ligne Maginot. Conception, réalisation, destinées*, Paris, Bernard Giovanangeli éditeur, 2012, 303 pages, p. 145.

6

L'armée allemande était-elle la plus moderne du monde ?

« Un parti rouge et un parti bleu sont en présence, chacun alignant cent divisions d'infanterie et cent bataillons de chars. Le parti rouge a réparti ses chars entre les divisions d'infanterie, le bleu a rassemblé les siens en divisions blindées. Le parti bleu a rassemblé la totalité de ses forces blindées là où la décision doit être recherchée et peut, en fonction du terrain, être provoquée ; il peut donc envisager d'entrer dans la bataille avec une supériorité en chars au moins du simple au double, en restant sur la défensive sur les autres secteurs du front où les chars du parti rouge agiront isolément. »

Général Heinz Guderian, 1937

L'Allemagne des années 1930 est paradoxale. Si le régime hitlérien pousse activement à la reconstitution d'une puissante armée nationale (qui passe de 100 000 hommes à 4,7 millions en

1939), la population est loin d'être tournée vers la préparation de la guerre. Les diplomates et les correspondants des journaux décrivent des Allemands comme redoutant une prochaine déclaration de guerre et plus défaitistes que belliqueux. Ce n'est qu'avec les premières victoires rapidement obtenues qu'un changement est observé, y compris dans la Wehrmacht où l'armée française est crainte et où l'on s'attend à une guerre longue. Ce scepticisme est renforcé par la difficulté de l'économie à fournir les moyens nécessaires pour entretenir, loger, nourrir, équiper et instruire les centaines de milliers d'hommes incorporés chaque année, au point que les stocks d'anciens matériels sont intensément utilisés.

Dans la mythologie qui entoure les combats de mai-juin 1940, la modernité d'une Wehrmacht victorieuse qui aurait systématiquement associé le char et l'avion a été cent fois répétée. On sait bien aujourd'hui que l'essentiel des unités de l'armée allemande était hippomobile et que les soldats du Reich progressaient surtout... à pied.

De fait, la décision de mettre sur pied les trois premières divisions mécaniques (*Panzerdivisionen*, ou *PzD*, divisions blindées) est prise à l'automne 1935. Deux autres seront créées en 1938, une nouvelle au printemps 1939, tandis que quatre divisions légères (*Leichte Divisionen*), formées entre 1937 et 1938, sont officiellement transformées en divisions blindées à la fin de l'année 1939 et au début de 1940. Sur le papier, l'armée allemande dispose de dix divisions mécaniques de puissance variable, auxquelles on peut ajouter les quatre divisions d'infanterie motorisées, dont la puissance de feu est d'un tiers inférieure, mais dont la totalité de l'effectif et des moyens est transportée en véhicules. En outre, les chars légers (Panzer I et II, et Skoda 35 et 38) représentent 75 % du parc allemand et les Panzer I ne sont armés que d'une simple mitrailleuse. Les enseignements de la campagne de Pologne incitent le commandement allemand à accélérer la valorisation de ses divisions blindées, légères et motorisées. Les premières sont renforcées : dans les divisions blindées, le régiment d'infanterie portée passe de deux à trois bataillons ; dans les divisions légères, un ou deux bataillons de chars supplémentaires sont affectés ; l'artillerie divisionnaire s'accroît d'un groupe de 150 mm dans les grandes unités qui n'en possédaient pas encore. Les divisions motorisées sont allégées d'un régiment d'infanterie pour gagner en souplesse d'emploi et en capacité de manœuvre.

L'armée d'active du Reich dispose ainsi à la veille de la guerre de 14 divisions modernes : 10 blindées totalisant près de 2 600 chars (sur un total théorique de 3 000 chars environ) et 4 entièrement motorisées.

Ces chiffres s'entendent sur un total de cinquante et une divisions pour l'armée d'active (dite « de 1re vague »), auxquelles il faut ajouter les divisions de réserve (« de 2e vague »), créées à partir d'un noyau actif auquel viennent s'agréger les réservistes rappelés, les divisions de *Landwehr* (« de 3e vague »), qui engerbent des hommes plus âgés, peu ou non instruits, et à partir de 1938 les divisions de complément (« de 4e vague »), moins bien équipées et dont l'instruction doit être intense dès leur constitution pour dégrossir de jeunes conscrits qui ignorent tout du métier militaire. Soit au total trente-deux divisions nouvelles. Le niveau d'équipement et d'entraînement de ces unités n'est d'ailleurs pas à la hauteur des formations d'active lorsque est lancée la campagne de Pologne, à l'automne 1939. Un effort particulier sera entrepris en leur faveur durant l'hiver.

Ces créations nouvelles à un rythme accéléré posent le problème de la disponibilité des matériels lourds, que l'industrie allemande peine à fournir. L'usage intensif des prises de guerre, sur l'industrie tchèque et les usines Skoda en particulier, se révèle insuffisant. Paradoxalement, une partie des divisions est « démotorisée » pour en équiper d'autres. La campagne de Pologne, pour brève et victorieuse qu'elle ait été, n'en a pas moins eu un coût pour l'armée allemande. Près de 25 % des matériels motorisés ont été endommagés ou détruits. En attendant leur réparation ou leur remplacement, la pénurie doit être gérée. Le volume des formations automobiles affectées à la plupart des divisions d'infanterie doit être diminué de moitié, le camion étant remplacé par le cheval. L'armée allemande a grandi trop vite, et elle connaît de sévères déficits pour les matériels les plus modernes.

En mai 1940, on compte 614 Panzer I et 870 modestes Panzer II pour seulement 350 Panzer III. Hormis quelques divisions mécanisées, l'armée allemande est en majorité composée d'unités d'infanterie traditionnelles soutenues par des convois hippomobiles. Cette situation perdurera jusqu'au déclenchement de l'opération *Barbarossa* contre l'URSS, en juin 1941, les troupes motorisées ne représentant encore qu'un quart de l'effectif.

C'est dans l'emploi des grandes unités qu'il faut rechercher les éléments novateurs. Schématiquement, les divisions blindées constituent le premier échelon de combat, mais la route leur est ouverte par des unités plus traditionnelles du génie, d'artillerie et d'infanterie. Elles sont suivies par les divisions motorisées en charge de l'exploitation, derrière lesquelles progressent les divisions d'infanterie ordinaires auxquelles revient la responsabilité de réduire les résistances résiduelles et d'occuper le terrain. La doctrine est donc nettement offensive, comme l'envisage le général Guderian dès 1937 : « Un parti rouge et un parti bleu sont en présence, chacun alignant cent divisions d'infanterie et cent bataillons de chars. Le parti rouge a réparti ses chars entre les divisions d'infanterie, le bleu a rassemblé les siens en divisions blindées. Le parti bleu a rassemblé la totalité de ses forces blindées là où la décision doit être recherchée et peut, en fonction du terrain, être provoquée ; il peut donc envisager d'entrer dans la bataille avec une supériorité en chars au moins du simple au double, en restant sur la défensive sur les autres secteurs du front où les chars du parti rouge agiront isolément[1]. »

L'armée allemande a organisé ses unités blindées, sauf initialement la 9. *Panzerdivision*, en corps d'armée blindés, *Panzerkorps* (*PzK*), soutenus par une division d'infanterie motorisée, eux-mêmes rassemblés en deux « groupements » (von Kleist et Guderian) bénéficiant de tous leurs appuis et soutiens. Ce sont des formations homogènes, puissantes, susceptibles de conduire des opérations de vive force dans la durée. Par ailleurs, la Luftwaffe est systématiquement employée en appui des troupes au sol, assurant aux unités terrestres une protection et un renfort qui manquent aux divisions françaises. L'intégration de l'armée de l'air dans les opérations terrestres est matérialisée par la présence d'officiers de liaison au sein des états-majors de *PzD*, en liaison radio directe avec l'aviation en action.

L'armée allemande de 1940, tiraillée entre modernité et tradition, est tout sauf monolithique, qu'il s'agisse du commandement, de l'organisation ou de

1. Cité par André Golaz, *L'Armée allemande de 1939 à 1945, d'après les sources allemandes*, Paris, EMA/Service historique, 1957.

la doctrine d'emploi. En revanche, elle est l'héritière d'un style de commandement qui, depuis les réorganisations de l'armée prussienne pendant les guerres napoléoniennes, favorise l'autonomie des chefs au contact. Sur le terrain, ceux-ci sont en effet les mieux à même de saisir les opportunités. Alors que les Français privilégient la « bataille conduite », préparée et planifiée par le haut état-major, et craignent le combat de rencontre, les Allemands prônent depuis le début du XIXe siècle la vitesse, la surprise, les manœuvres d'ailes et de contournement et laissent dans ce but une large autonomie de décision aux généraux en campagne. Formalisée après coup, la guerre éclair n'est somme toute que l'adaptation de ces principes plus anciens à la guerre motorisée et aux matériels modernes, chars et avions.

L'image du fer de lance d'une armée prête à la guerre, complaisamment répétée en France depuis juin 1940 (de Gaulle lui-même parle de la « force mécanique » pour expliquer la défaite), s'est imposée dans les mémoires. Pourtant, le haut commandement allemand exprimait les plus grandes réserves sur la possibilité de vaincre la France. Quelques-uns des généraux étaient même disposés à fomenter un complot contre Hitler. Le chef d'état-major général, le général Halder, portait sur lui un pistolet, pour assassiner le Führer si l'occasion se présentait. Quant au chef des services de renseignements militaires, l'amiral Canaris, il nouait des relations étroites avec des dirigeants occidentaux pour tenter d'éviter une nouvelle guerre. De nombreux officiers allemands, de formation traditionnelle, se sentaient en désaccord profond avec le régime national-socialiste. Les rivalités sont fortes entre généraux, de l'état-major de l'armée – avec von Brauchitsch et Halder – au commandement des groupes d'armées – avec von Bock et von Rundstedt –, comme au niveau des corps d'armée et des divisions, entre ambitions personnelles et querelles sur la stratégie. À l'hiver 1939-1940, l'élaboration du plan Jaune d'attaque à l'ouest provoque une série de crises entre Hitler et le haut commandement, pour lequel la Wehrmacht n'est pas prête à entrer en campagne contre la France. Von Bock estime que « cette traversée des Ardennes pourrait se solder par un échec sanglant et irrémédiable ». La qualité et la quantité des équipements ne convainquent pas : les plans de modernisation de la Wehrmacht, de la Luftwaffe et de la Kriegsmarine ne produiront leurs pleins effets qu'entre 1941 et 1945.

Disputant au général Manstein la paternité du succès allemand, Guderian s'attribue dans ses Mémoires – largement d'autojustification – le mérite d'avoir « pris seul toutes les décisions jusqu'à l'arrivée à l'Atlantique près d'Abbeville ». Preuve, en creux, des réserves du haut commandement allemand sur la probabilité d'une percée rapide des lignes françaises, et *a fortiori*, sur la fragilité de ses lignes de communication.

7

L'armée française était-elle prête ?

« C'est seulement lorsque nous aurons encaissé le choc initial, contre lequel notre situation politique et morale exige que nous nous préparions, que nous pourrons envisager une offensive ou une contre-offensive. »

Note de l'état-major général à
Édouard Daladier,
le 11 décembre 1936

L'armée française du début des années 1930 est l'ombre de celle, victorieuse, de 1918. L'adoption du service militaire d'un an en 1928 a entraîné une diminution drastique des effectifs, à tel point que l'on ne compte plus que 500 000 hommes sous les armes, dont les quatre cinquièmes sont des conscrits. Le noyau d'armée professionnelle, plutôt que d'être regroupé au sein des unités combattantes, est réparti entre toutes les formations pour assurer *a minima* la formation élémentaire des appelés. Les équipements souffrent des économies budgétaires. Dans le domaine aéronautique, où les retards sont les plus importants par rapport à l'Allemagne, la mise en œuvre du plan de réarmement aérien prévoit la fabrication de 8 000 avions modernes, disponibles seulement à partir de 1941.

Dès 1933, les présidents du Conseil et les commandants en chef ne préparent pas la prochaine guerre, celle qui va leur être imposée par Hitler, mais la précédente, la Première Guerre mondiale : un conflit long, exigeant un effort de formation et une montée en puissance progressive de la mobilisation industrielle et de l'outil militaire. Pétain théorise cette stratégie : « Le front continu n'est pas un accident passager, dont on peut se débarrasser comme d'une habitude néfaste, écrit-il en 1939. Au début des opérations, il se présente au plus faible comme le seul moyen de garantir le territoire national. En prenant cette attitude, le plus faible impose au plus fort le caractère des actions initiales. [...] L'étude du général Chauvineau vise à préparer le front continu pour que la bataille terrestre sur les frontières soit gagnée, ou au moins qu'elle ne soit pas perdue, et pour qu'il n'y ait plus lieu de remporter une nouvelle bataille de la Marne, c'est-à-dire une victoire incomplète, puisqu'elle laissait l'ennemi incrusté dans notre sol et maître pendant quatre ans de huit départements et des régions industrielles les plus importantes. [...] Couverte par les fronts continus, la nation a le temps de s'armer pour résister d'abord, pour passer à l'attaque ensuite. [...] Cette perspective n'a rien de réjouissant pour un agresseur éventuel : elle est le meilleur gage de la paix[1]. »

L'*Instruction sur l'emploi tactique des grandes unités* (1936) cultive l'ambiguïté entre défensive et offensive, mais sa tonalité générale est nette : « L'arme antichar se dresse devant le char, comme pendant la dernière guerre la mitrailleuse devant l'infanterie. » À condition que les armes antichars ne manquent pas cruellement... D'un point de vue doctrinal, l'état d'esprit général est aux antipodes de celui d'août 1914. Désormais, tout doit être planifié, prévu, organisé sur un terrain connu et aménagé. Les procédures sont lourdes et formelles, les délais sont longs et l'action des chefs au contact est bridée. À la lecture des carnets et journaux des généraux, la défensive initiale semble certes être un choix par défaut, mais elle s'impose à tous, y compris au personnel politique, comme indiscutable.

L'état-major général précise ses choix lorsque le ministre lui demande des éléments de réponse à la proposition du colonel de Gaulle de créer un corps blindé professionnalisé, jugé dangereusement offensif par Daladier : « C'est seulement lorsque nous aurons encaissé le choc initial, contre lequel

1. Préface au livre du général Chauvineau, *Une invasion est-elle encore possible ?*, Paris, Berger-Levrault, 1939.

notre situation politique et morale exige que nous nous préparions, que nous pourrons envisager une offensive ou une contre-offensive[2]. » La France a donc abandonné toute volonté de prendre l'initiative. Le pays aura le temps d'organiser sa production industrielle de guerre à l'abri de la ligne Maginot et d'un front défensif.

Pour qu'il en soit ainsi, la couverture aux frontières doit sécuriser la montée en puissance des armées. La mobilisation se décompose en une demi-douzaine d'étapes, qui se succèdent du 21 août au 2 septembre, de la mise en œuvre – théorique – du dispositif de défense aérienne du territoire à la mobilisation générale. On sait, depuis août 1914, que ce processus complexe doit être appliqué avec précision. Or, l'état-major général ne cesse d'adresser des ordres modifiant les prescriptions antérieures, rendant la tâche des exécutants chaque fois plus compliquée. Par ailleurs, les centres mobilisateurs répartis sur l'ensemble du territoire ne disposent pas tous de l'ensemble des matériels et équipements dont ils devraient doter les « unités de série B » : les divisions de réserve. Des soldats partent en campagne avec des tenues mi-militaires, mi-civiles, ou sans les armements collectifs, supposés les rejoindre plus tard,

2. Note de l'état-major général à Édouard Daladier « relative à la politique générale du département de la Défense nationale et de la Guerre », 11 décembre 1936.

comme en témoignent de nombreuses photos de septembre 1939. Sur ce point, les militaires ont une lourde responsabilité. Un exemple : le besoin d'un pistolet-mitrailleur est exprimé dès la fin de la Première Guerre mondiale. Un premier modèle est mis au point par les ateliers de la manufacture de Saint-Étienne en 1924. Mais d'expérimentations en modifications, de retards en reports, il n'est finalement adopté qu'en 1940.

Au total, douze armées seront mises sur pied, huit lors de la mobilisation, une neuvième à partir du détachement d'armée des Ardennes en octobre, une dixième début juin 1940, sur la base d'unités issues de la défunte 9e armée et de l'éphémère armée de Paris et aussitôt engagée, avant même d'avoir rassemblé ses moyens, une modeste armée des Alpes enfin, pour remplacer la 6e armée transférée vers le front du Nord-Est. Pour mémoire, un détachement d'armée des Pyrénées est créé lors de la mobilisation, avant d'être dissous en décembre 1939 lorsqu'il devient certain que l'Espagne ne participera pas au conflit.

Au sein de ces différentes armées, on trouve des unités de type « nord-est », « montagne », « forteresse », « nord-africaines », « coloniales », formées par du personnel d'active (type A) et surtout de réserve (type B). Or ces dernières sont constituées de personnel plus âgé, sans formation militaire récente, et sont moins bien équipées. C'est ainsi que la 55e division, mobilisée à Orléans, rejoint la frontière de l'Est avec un seul canon de 25 mm antichar, sans système de visée. Sa batterie antichar est formée à partir de canons de 75 hippomobiles. Elle ne reçoit les pièces modernes de 47 mm qu'à la fin de mois d'avril, trop tard pour une instruction efficace. Enfin, elle connaît sept changements dans sa composition entre novembre 1939 et avril 1940, et passe sous quatre commandements successifs, de la réserve du GQG au 10e corps d'armée (CA) au cours du seul automne 1939. Le record est sans doute battu par la 53e DI, qui doit prendre en compte huit modifications de ses structures entre novembre 1939 et mai 1940, et par la 2e division cuirassée (DCr), qui connaît quinze changements de subordination entre le 13 mai et le 22 juin 1940…

L'entrée en guerre révèle les manques de manière criante. Les dotations en armement antichar sont incomplètes dans quarante-quatre divisions d'infanterie. Le déficit est de 93 % pour les mitrailleuses de 20 et les canons de 25 mm[3]. Afin d'assurer la montée en puissance de la production de guerre, plus de 180 000 soldats « affectés spéciaux » sont retirés des formations militaires pour être dirigés vers les usines. Les objectifs de production finissent par être atteints, mais au détriment des armées, car le renvoi vers l'arrière de ces soldats désorganise les unités.

3. SHD-Terre, 27N35.

Dès l'automne 1939, des conférences réunissent au château de Montry des représentants du grand quartier général, de l'état-major de l'armée et du ministère de l'Armement pour faire le point sur la fabrication du matériel de guerre. La liste des matériels déficitaires prioritaires établie à l'issue de la réunion du 14 novembre[4] est éloquente : canons de 25 mm antichars, chenillettes d'infanterie, chars légers, munitions de toutes natures, canons de 75 mm, canons de 155 mm GPF, tracteurs d'artillerie. Ces réunions, tous les quinze jours, deviennent systématiques à partir de février 1940, avec un ordre du jour précis, comme le souhaite le général Doumenc, major général des armées françaises : fusils et canons antichars et antiaériens ; artillerie lourde pour l'attaque des positions fortifiées ; munitions de divers calibres, mines et chars, etc.

Lorsque Raoul Dautry devient ministre de l'Armement, le 20 septembre 1939, dix-sept jours à peine après la déclaration de guerre, ce polytechnicien met toutes ses compétences d'organisateur pour rationaliser les fabrications et accroître la production. Mais il ne peut se dégager entièrement du poids des programmes d'armement précédents. Son action ne saurait donc être mise en cause dans la défaite. Il obtient d'ailleurs des résultats significatifs après la réquisition de deux sites de

4. SHD-Terre, 27Nla 13.

fabrication de Berliet, le 30 septembre, et la mise sous tutelle des ateliers de Renault, en novembre. L'objectif est désormais d'accélérer la mobilisation des capacités productives et de la main-d'œuvre. Or, à la suite de la mobilisation, la production est mécaniquement perturbée par le manque d'effectifs, diminuant globalement de 50 % en septembre-octobre 1939. Pour la relancer, s'inspirant de l'exemple de la Grande Guerre, Raoul Dautry met sur pied les compagnies de travailleurs militaires, formations regroupant les ouvriers mobilisés, s'affranchissant ainsi de la législation sociale. Il obtient des résultats exceptionnels, dont on sait aujourd'hui qu'ils ont été supérieurs à ceux de l'Allemagne, en particulier dans les domaines des matériels blindés, antichars, antiaériens et de l'aviation. Malgré tout, les déficits sont tels que certaines unités connaissent les plus graves difficultés, y compris pour leurs équipements de base. Reçu par Gamelin le 1er novembre 1939, l'intendant général Zaigue, inspecteur général de l'intendance aux armées, déplore même la « pénurie complète [de chaussures], au point de provoquer l'indisponibilité du détenteur d'une paire de chaussures usées. [...] Les rations actuelles d'alimentation, de légumes secs en particulier, sont insuffisantes ».

Le 1er avril 1940, le déficit en canons de 25 antichars est toujours supérieur à 50 % dans seize divisions[5], et le 10 mai, vingt-deux divisions seulement possèdent leur compagnie de mitrailleuses de 20 mm antiaériennes. Dans le seul domaine de l'armement individuel du fantassin, il ne reste dans les dépôts de l'intérieur à la fin du mois de mai que 75 000 fusils, indispensables pour rééquiper les divisions légères mises sur pied à partir des troupes repliées et des nouvelles recrues. Depuis plusieurs semaines, les négociations en vue de commandes à l'étranger se multiplient, avec l'Espagne, la Yougoslavie et les États-Unis, car il faut pouvoir armer les 200 000 conscrits dont Weygand demande l'appel pour le 1er juillet, ainsi que les Belges, Tchèques et Polonais réfugiés en France et les volontaires étrangers, organisés en unités régulières.

Vue de Paris, la phase de guerre défensive doit au moins durer jusqu'en 1941, laissant le temps à l'industrie de produire les armements nécessaires et à l'allié britannique d'achever sa montée en puissance. Ensuite seulement pourront être planifiées des opérations offensives. En décembre 1939, le général Gamelin, commandant en chef des armées françaises, est plutôt optimiste : « Les Allemands n'ont, dans l'ensemble, que des chars très légers, très inférieurs aux nôtres en ce qui concerne le blindage, donc sans action contre une troupe pos-

5. « État numérique des déficits en matériels essentiels d'armement moderne », SHD-Terre, 27N35.

sédant un armement antichar convenable. [...] Si les forces blindées allemandes ont considérablement contribué à la défaite polonaise, il semble que sur le front occidental elles auront beaucoup moins de poids, dans leur état actuel, en présence de notre armement antichar et de nos chars[6]. » Tout ceci n'est pas faux, à une précision près : tous ces armements ne seront opérationnels qu'au printemps 1941[7].

Une atmosphère ambiguë marque les huit mois de la « drôle de guerre » (3 septembre 1939-10 mai 1940). En dépit de sorties d'usine massives, les délais sont insuffisants pour combler les déficits accumulés depuis une dizaine d'années. En l'absence d'opérations actives, la guerre semble s'éloigner et à l'arrière certains évacués rentrent chez eux. Après tout, les théâtres et les cinémas ne fonctionnent-ils pas normalement ? Et si, finalement, la vie quotidienne reprenait ses droits ? Au point que l'appel déterminé de Gamelin « aux soldats de France », le 14 octobre 1939, est rapidement oublié : « D'un moment à l'autre une bataille peut s'engager dont, une fois de plus au cours de

---

6. Note d'information remise à Édouard Daladier, ministre de la Défense nationale, par le général Gamelin, commandant en chef, le 12 décembre 1939.

7. Cité par Jean-Louis Crémieux-Brilhac, *Les Français de l'an 40*, vol. 1, *La Guerre oui ou non*, Paris, Gallimard, 1990, 955 pages, p. 143.

notre histoire, dépendra le sort de la France, leur disait-il. Haut les cœurs ! Servez-vous au mieux de vos armes ! »

Mais des millions d'hommes restent l'arme au pied, entre travaux de terrassement, attente et permissions. Les correspondances témoignent de la baisse du moral et de l'abus d'alcool. Tandis que les comédiens du théâtre aux armées multiplient les spectacles dans les unités, l'armée allemande se réorganise, s'équipe et s'entraîne.

8

Le parti communiste a-t-il fait le jeu du Reich ?

> « Il est particulièrement réconfortant en ces temps de malheur de voir de nombreux Parisiens s'entretenir amicalement avec les soldats allemands, soit dans la rue, soit au bistrot du coin. Bravo camarades, continuez, même si cela ne plaît pas à certains bourgeois, aussi stupides que malfaisants. »
>
> *L'Humanité*, 4 juillet 1940

Le 23 août 1939, le ministre des Affaires étrangères du Reich Joachim von Ribbentrop signe à Moscou avec son homologue soviétique Viatcheslav Molotov un pacte de non-agression d'une durée de dix ans. Le texte comporte une annexe secrète prévoyant le partage de la Pologne. Hitler vient de remporter un grand succès. En lui garantissant que l'URSS non seulement ne s'opposera pas à ses prochaines initiatives en Pologne, mais encore y participera sur la frontière orientale, il met à bas les fragiles espoirs français de reconstitution d'un front de revers à l'est de l'Allemagne.

En France, *L'Humanité* salue des négociations « qui servent la cause de la paix » et se félicite d'un progrès pour « raffermir la paix générale ». Le quotidien du Parti communiste français multiplie les contorsions pour tenter de conserver une cohérence avec les positions défendues depuis les mobilisations unitaires antifascistes du milieu des années 1930 : « Hitler, en reconnaissant la puissance du pays du socialisme, accuse du même coup sa propre faiblesse. [...] Le parti communiste, fidèle à la doctrine de Marx, Engels, Lénine, Staline, est plus que jamais l'ennemi implacable du fascisme international, en première ligne du fascisme hitlérien, le plus bestial et le principal fauteur de guerre. »

Rejeté *de facto* dans le camp des ennemis du pays, le PCF n'en vote pas moins les crédits militaires à l'Assemblée nationale, le 2 septembre 1939. Quatre jours plus tard, ceux qui, parmi ses soixante-douze députés, sont mobilisables rejoignent leur affectation du temps de guerre. Il n'empêche qu'une crise profonde secoue le parti, dont de nombreux militants et parlementaires n'admettent pas l'alliance avec l'Allemagne nazie. Le gouvernement Daladier a interdit *L'Humanité* dès le 26 août, puis le parti un mois plus tard, sans susciter de réaction dans le pays. Pour le quotidien conservateur *Le Temps*, « la dissolution du parti communiste [...] était inévitable. Elle était imposée par la stricte nécessité de pourvoir à la sécurité du pays. [...] Un pays en guerre a pour premier devoir de se défaire de l'ennemi campé sur son sol[1] », tandis que le populaire *Petit Parisien* titre « Approbation générale au Palais-Bourbon des mesures visant le parti communiste » : « Tout en félicitant le gouvernement de son acte énergique, qualifié par beaucoup d'acte véritable d'un cabinet de guerre, des parlementaires appartenant aux fractions les plus diverses de l'une et l'autre assemblée émettaient le vœu que l'opération d'assainissement ainsi entreprise fût poursuivie jusqu'au bout et que fût définitivement brisée l'épine dorsale même de la section française de la IIIe Internationale. »

Le 2 septembre, la 16e chambre correctionnelle condamne douze militants communistes parisiens à trois mois de prison pour infraction au décret du 24 août interdisant « la distribution de tracts de provenance étrangère ».

L'entrée de l'Armée rouge en Pologne le 17 septembre impose une redéfinition de la ligne politique du parti. Le seul mot d'ordre est désormais de « mettre fin à la guerre impérialiste », et la structure clandestine du PCF, constituée notamment à partir de la Belgique, s'efforce de diffuser un message exclusivement pacifiste.

1. « L'ennemi intérieur », *Le Temps*, 28 septembre 1939.

Début octobre 1939, la fuite à Moscou de Maurice Thorez, secrétaire général du PCF, mobilisé comme sous-officier dans un régiment du génie, marque une rupture symbolique, qui ne cessera de s'élargir avec l'occupation des pays baltes à l'automne, l'agression de l'URSS contre la Finlande à l'hiver 1939-1940. Thorez est condamné le 28 novembre 1939 à six ans de prison pour désertion en temps de guerre et déchu de sa nationalité française le 17 février suivant. Ces événements soulèvent dans le pays, et en particulier aux armées, une émotion d'autant plus considérable que les directives du Komintern imposent désormais à *L'Humanité* de dénoncer la « guerre impérialiste », prétendument voulue par les démocraties occidentales.

Dès l'hiver 1939, une quarantaine de députés communistes (rebaptisés « Groupe ouvriers et paysans français » depuis l'interdiction du parti) sont arrêtés. Les parlementaires sont déchus de leur mandat en janvier 1940, jugés et condamnés en avril, et plus de trois cents élus locaux sont suspendus. La presse du parti exige « la paix immédiate » et demande même le sabotage de la production industrielle de guerre : « Empêchez, retardez, rendez inutilisables les fabrications de guerre ! » En janvier 1940, en exil en Belgique, Jacques Duclos appelle explicitement à « orienter les ouvriers vers le sabotage des fabrications de guerre destinées à la Finlande ». Pour *L'Humanité,* « si nos capitalistes veulent faire de leur rêve de guerre contre l'URSS une réalité, qu'ils sachent bien que les travailleurs de notre pays travailleront à la victoire de l'Armée rouge du pays du socialisme, et qu'ils utiliseront la défaite de nos impérialistes pour régler définitivement le compte du capitalisme fauteur de guerre[2] ».

Depuis octobre 1939, le ministre de l'Intérieur a demandé aux préfets de surveiller l'action des communistes dans les usines d'armement. Plusieurs cas de sabotages sur les grands sites de fabrication industrielle de guerre (chars et véhicules, aéronautique, transmissions en particulier) sont signalés au printemps suivant. Du fait de la brièveté de la période concernée (moins de cinq mois) et de l'absence d'études précises sur le sujet, il est impossible de déterminer l'ampleur du phénomène, avéré (quelques condamnations prononcées par des conseils de guerre) mais le plus souvent pudiquement passé sous silence. En mars 1940, selon le ministre de l'Intérieur, il a été procédé à 11 000 perquisitions, 4 300 arrestations et 1 500 condamnations.

En février 1940, le pacte Hitler-Staline est complété par un accord commercial assurant au Reich un approvisionnement en métaux, pétrole, produits agricoles lui permettant de contourner en partie le blocus britannique. En France, au

2. *L'Humanité* clandestine, n° 13.

fil des mois, le parti se fragmente, tiraillé entre ceux qui restent fidèles à l'idéal internationaliste et à Moscou et ceux qui choisissent la défense de la France contre l'Allemagne. Après l'armistice, le parti sera un peu plus divisé, entre ceux qui feront par patriotisme le choix de la résistance, ceux qui rejoindront Vichy et ceux, majoritaires, qui appliqueront la ligne officielle : solidarité avec l'URSS, refus de s'opposer aux Allemands, hostilité au gouvernement Pétain. Ainsi, le 4 juillet 1940, *L'Humanité* clandestine, au nom de la solidarité entre les peuples, n'hésite pas à écrire : « Il est particulièrement réconfortant en ces temps de malheur de voir de nombreux Parisiens s'entretenir amicalement avec les soldats allemands, soit dans la rue, soit au bistrot du coin. Bravo camarades, continuez, même si cela ne plaît pas à certains bourgeois, aussi stupides que malfaisants. »

9

Les Alliés pesaient-ils militairement ?

« J'ai tenu à prendre l'initiative d'affirmer de la façon la plus nette au cours de mes entretiens avec M. de Ribbentrop, le caractère ainsi que la portée de la solidarité franco-britannique et l'importance fondamentale de celle-ci pour l'orientation de la politique française. »

Le ministre des Affaires étrangères,
Georges Bonnet,
à son ambassadeur à Londres

L'une des principales caractéristiques de l'armée française de 1939 est sa diversité. Pas moins de douze types différents de divisions existent au cours de la campagne. Rien que pour l'infanterie, on compte : sept divisions d'infanterie motorisée, quarante-six divisions d'infanterie, sept divisions d'infanterie nord-africaine, huit divisions d'infanterie coloniale – ces soixante-huit divisions étant toutes de type nord-est (modèle métropolitain contre l'Allemagne) –, huit divisions d'infanterie de montagne, dont deux transformées en type nord-est (27e et 30e) et dix-sept divisions d'infanterie de type outre-mer, dont quatre sont transférées en France avec une partie de leurs éléments transformés en type nord-est (1re DM, 82e, 85e et 87e)[1].

À ces unités, il faut ajouter à partir de septembre 1939 les formations de volontaires étrangers progressivement mises sur pied. Les Polonais constituent deux divisions d'infanterie en France et une brigade de chasseurs au Levant, les Tchèques une division. Plusieurs milliers de Belges sont recrutés en juin 1940, mais trop tardivement. Enfin, des compagnies de volontaires sont formées au sein des régiments de marche de la Légion étrangère qui regroupent également d'ex-combattants de la République espagnole.

Aux divisions stationnées ou mises sur pied dans l'Hexagone ne peuvent rapidement être

1. Il faut y ajouter : trois divisions légères de chasseurs, dont les éléments de deux serviront ultérieurement à créer une division légère de montagne (40e) ; treize divisions légères d'infanterie, mises sur pied avec des éléments récupérés au fur et à mesure du déroulement des opérations ; cinq divisions d'infanterie de forteresse ; trois divisions de cavalerie, ultérieurement transformées en cinq divisions légères de cavalerie, une sixième étant levée en Afrique du Nord ; trois divisions légères mécaniques avant mai 1940, et deux autres formées durant la campagne à partir des éléments des premières ; quatre divisions cuirassées de réserve, dont trois créées avant mai 1940.

ajoutées que les divisions nord-africaines, progressivement transférées en métropole à partir de l'automne 1939. L'armée d'Afrique (du Nord) est recrutée en Algérie-Tunisie-Maroc : 1re division d'infanterie marocaine, 82e et 85e divisions d'infanterie et éléments de la 83e (algériennes), 84e division (tunisienne).

Au-delà, Paris doit compter sur les contributions des Alliés. Mais faute de réalisme dans les accords noués avant guerre (en particulier avec la Pologne à partir de 1934 et la Belgique en 1936)[2], Paris a été dans l'incapacité de mettre sur pied une coopération militaire en termes d'organisation, de planification, de formation, d'entraînement.

La distorsion entre relations diplomatiques et absence de coopération militaire est particulièrement sensible avec le Royaume-Uni, au premier rang des Alliés, comme le rappelait encore le ministre des Affaires étrangères Georges Bonnet à son ambassadeur à Londres : « J'ai tenu à prendre l'initiative d'affirmer de la façon la plus nette au cours de mes entretiens avec M. de Ribbentrop, le caractère ainsi que la portée de la solidarité franco-britannique et l'importance fondamentale de celle-ci pour l'orientation de la politique française. » Le gouvernement français sollicite systématiquement

2. Hervé Drévillon et Olivier Wieviorka (dir.), *Histoire militaire de la France*, vol. 2, *De 1870 à nos jours*, *op. cit.*, p. 344-345.

l'accord du Royaume-Uni avant toute décision importante, preuve aussi de sa position de faiblesse. Dès l'entrée en guerre, des journaux souhaitent une union plus étroite entre les deux pays. Dans *Le Petit Parisien*, Élie J. Bois encourage leurs gouvernements respectifs à signer « la convention qui est déjà à la base de tous leurs accords, qui est, dans l'esprit des chefs et dans le cœur des peuples, de ne se prêter, en aucun cas, à une paix séparée[3] », souvenir de la Grande Guerre qui se traduira par l'engagement du 28 mars 1940. Pourtant, l'aide humaine et matérielle de Londres à Paris en mai 1940 sera inférieure de moitié à celle de la Grande Guerre. Pourquoi ? Il faut se souvenir que depuis la crise de la Ruhr en 1923 et l'échec en 1935 du « front de Stresa », éphémère accord franco-anglo-italien pour empêcher l'Anschluss, les élites britanniques refusent majoritairement de prendre le risque d'une implication militaire sur le continent au titre d'une alliance avec une République française jugée revancharde et vindicative. Dans les années qui précèdent la Seconde Guerre mondiale, les gouvernements successifs Baldwin et Chamberlain négligent de renforcer la modeste armée de terre britannique, au point que le futur maréchal Montgomery écrira dans ses *Mémoires* qu'en septembre 1939 elle « était totalement incapable de mener une guerre sérieuse sur

3. Élie J. Bois, éditorial « La réponse à faire à Goering », *Le Petit Parisien*, 11 septembre 1939.

le continent[4] ». Londres préfère favoriser la politique « d'apaisement » illustrée par les accords de Munich. S'il doit y avoir un conflit, il sera prolongé, à l'instar de la Première Guerre mondiale, laissant le temps d'une montée en puissance de l'outil militaire.

Autre exemple encore plus délicat : la Belgique. En 1936, en plein réarmement allemand, Bruxelles choisit le neutralisme. Certes, la Belgique s'efforce d'abord de résoudre des difficultés de politique intérieure, mais, ce faisant, elle prive la France de son seul allié occidental. Ne citons que pour mémoire l'armée néerlandaise, avec laquelle la France n'entretient aucune relation particulière et dont la réputation militaire laisse à désirer.

Malgré ces réserves sur la volonté et la capacité des Alliés à s'engager aux côtés de la France, l'état-major additionne, pour le seul front français du Nord-Est, toutes unités confondues, cent trente-neuf divisions alliées (dont treize britanniques, vingt-deux belges et dix hollandaises), s'octroyant ainsi une supériorité arithmétique sur l'Allemagne… En réalité, il n'y a entre ces différentes armées ni accord d'état-major, ni planification en amont, ni interopérabilité. Les relations sont au mieux assurées par des missions de liaison, souvent mal intégrées par l'armée d'accueil au-delà des déclarations protocolaires.

---

4. Maréchal Montgomery, *Mémoires*, Paris, Plon, 1958, 561 pages, p. 43.

Comptabiliser les divisions belges et surtout néerlandaises dans le total des grandes unités alliés relève de l'abus de confiance. Que dire alors de la présence des pays balkaniques et d'Europe orientale dans cette étonnante comptabilité, véritable « inventaire à la Prévert », que tient Gamelin ? Selon l'état-major général, le cumul des moyens militaires de la Pologne, de la Roumanie et de la Yougoslavie permettrait de placer sur le flanc sud-est du Reich cent dix divisions, total encore accru par l'ajout des divisions grecques et turques[5].

Mieux, dans l'hypothèse d'un accord militaire avec Staline, l'ouverture d'un front oriental assurerait la sécurité de la France... Mais comment sérieusement envisager un tel front quand la Pologne refuse le principe même de conversations militaires avec l'URSS, s'installe dans une guerre froide avec la Tchécoslovaquie sur la question de Teschen[6] et refuse de livrer ses planifications opérationnelles à l'état-major français dans l'hypothèse d'un conflit européen ?

Les dirigeants politiques et militaires français ont beau s'ingénier à dresser la liste des pays « alliés » et de leurs armées, la réalité prosaïque tient en une phrase : la France est seule.

---

5. Note pour le général chef d'état-major général du 29 décembre 1938. SHD, 7N 3434-3.

6. Varsovie et Prague revendiquent la souveraineté sur cette région riche en charbon et en fer.

10

La France a-t-elle abandonné ses alliés tchèques et polonais ?

« Si les Français avaient pu apprécier correctement la situation et exploiter le fait que la Wehrmacht était immobilisée en Pologne, il leur aurait été possible de traverser le Rhin sans que nous puissions les en empêcher et de menacer la région de la Ruhr qui représentait un facteur essentiel dans la conduite de la guerre des Allemands. »

Général Halder,
chef d'état-major adjoint

L'ouverture d'un front de revers sur les arrières de l'Allemagne est une nécessité absolue aux yeux des dirigeants civils et militaires français, mais les voies privilégiées par les Affaires étrangères et par la Défense nationale ne sont pas en adéquation. La Tchécoslovaquie sera abandonnée en deux étapes (septembre 1938 et mars 1939) et la Pologne sera livrée à elle-même (septembre 1939). Comment a-t-on pu en arriver là ?

La Tchécoslovaquie est liée à la France par un traité d'amitié (janvier 1924), puis un accord (octobre 1925) qui prévoit « une assistance immédiate dans le cadre de l'article 16 du pacte de la SDN, en cas de manquement du Reich à ses obligations [traité de Locarno][1] ». Conformément à ces textes, Paris « a toujours assuré que, le cas échéant, il ferait honneur à ses engagements[2] ». Pourtant, la Tchécoslovaquie va disparaître en deux étapes. Après plusieurs semaines de tensions – au cours desquelles le Royaume-Uni a fait savoir qu'il ne participerait pas à un conflit si la France prenait les armes –, le 1er octobre 1938, au lendemain des accords de Munich, Hitler fait occuper la région frontalière des Sudètes. Sa population germanophone est travaillée depuis plusieurs années par le Sudetendeutsche Partei (Parti allemand des Sudètes) de Konrad Henlein, émanation du parti nazi. Cette opération fait perdre à Prague les puissantes installations défensives de sa frontière nord.

En France, la mobilisation fait apparaître de graves difficultés[3], renforçant la posture attentiste et défensive des autorités. Les 14 et 15 mars 1939,

1. André François-Poncet, *De Versailles à Potsdam. La France et le problème contemporain allemand, 1919-1945*, Paris, Flammarion, 1948, 307 pages, p. 240.

2. *Ibid.*, p. 241.

3. « Enseignements de la mobilisation partielle de septembre 1938 », note n° 758/C/EMA du 12 novembre. SHD-Terre 7N2293.

à la suite de sa déclaration d'indépendance, la Slovaquie devient de fait un État vassal du Reich, tandis que l'entrée de l'armée allemande en Tchéquie marque la fin de la souveraineté du pays, transformé en protectorat de Bohême-Moravie. Ce démembrement entraîne la disparition sans combat des trente-cinq divisions tchécoslovaques, sans aucun doute le plus fiable allié de la France en Europe centrale et orientale. Cet effondrement provoque un électrochoc chez plusieurs responsables politiques européens, à commencer par le Premier ministre britannique Neville Chamberlain, longtemps adepte de la politique d'apaisement : « Dans l'éventualité d'une action qui menacerait directement l'indépendance de la Pologne et à laquelle le gouvernement polonais déciderait de résister, assure-t-il désormais, le gouvernement de Sa Majesté s'estimerait tenu d'apporter aussitôt au gouvernement polonais toute l'aide en son pouvoir. » Vaines paroles. Anglais et Français n'engagent aucune action concrète. Le pari d'Hitler, selon lequel les démocraties n'iront pas à l'épreuve de force, se confirme une nouvelle fois.

La Pologne constitue la cible suivante du IIIe Reich. La question de Dantzig servira de prétexte[4]. Pourtant, au cours des cinq années précé-

4. Depuis la fin de la Première Guerre mondiale, la province de Prusse-Orientale est séparée du reste de l'Allemagne par un corridor qui permet à la Pologne de disposer d'un accès

dentes, Varsovie a clairement privilégié ses relations avec Berlin au détriment de son amitié traditionnelle avec Paris. Un pacte de non-agression a été signé entre les deux pays en janvier 1934 et la Pologne a participé sans états d'âme au dépeçage de la Tchécoslovaquie, occupant le territoire de Teschen. Mais le 1er septembre 1939, Hitler, écartant le risque d'une guerre sur deux fronts après la signature du pacte germano-soviétique, monte une fausse attaque de la station radio de Gleiwitz avec des soldats allemands en uniforme polonais. Avant même le lever du jour, la Wehrmacht lance cinquante-trois divisions, obligeant Londres et Paris, du fait de leurs accords antérieurs, à déclarer la guerre à l'Allemagne. C'est chose faite le 3 septembre, à 11 heures pour le Royaume-Uni, à 17 heures pour la France. Mais l'état réel des armées, les capacités de transport et le niveau de production de l'industrie de guerre interdisent de porter rapidement secours à Varsovie. Gamelin le reconnaît lors d'une réunion tenue le 26 août au ministère de la Guerre : « Au début des opérations, nous ne pourrons apporter qu'un appui limité à la Pologne. Vraisemblablement, nous ne pourrons escompter prendre une offensive nous rendant l'initiative des événements avant que l'effort bri-

---

à la mer, tandis que Dantzig a été érigée en ville libre. Une situation refusée par le IIIe Reich, dont les revendications se font de plus en plus pressantes.

tannique sur terre et notre double effort au point de vue aérien aient donné les résultats nécessaires (deux ans environ, 1941-1942)[5]. » Le commandant du front du Nord-Est, le général Georges, est encore plus pessimiste. De son côté, la presse n'hésite pas à évoquer « l'héroïque résistance polonaise ». *L'Excelsior* du 5 septembre, reprenant un communiqué de Radio Varsovie, titre « La cavalerie polonaise en Prusse-Orientale », affirmant que « les Allemands reculent en désordre ». En réalité, l'armée polonaise est vaincue en quelques semaines, alors que Paris l'imaginait résistant plusieurs mois.

Pourtant, la victoire du Reich est en trompe l'œil. Les pertes de la Wehrmacht sont sévères (10 000 morts et 30 000 blessés). La détermination des soldats du maréchal polonais Rydz-Śmigły a causé des dégâts importants à l'agresseur. Certaines unités mécanisées allemandes perdent la moitié de leurs matériels, les stocks de munitions sont au plus bas et les unités de formation récente, faute d'instruction, sont à la limite de la rupture. Malgré tout, l'emploi conjoint des blindés et de l'aviation d'assaut a prouvé son efficacité. Hitler a gagné son pari.

La France se révèle incapable de lancer une offensive d'ampleur pour ouvrir un front occi-

---

5. Compte rendu de réunion cité par le colonel Pierre Lyet, « Témoignages et documents, 1939-1940 », art. cit., p. 142.

dental actif. Six divisions à peine sont lancées à quelques encablures de la frontière lorraine, en direction de Mayence. Pour le général Gamelin, il ne s'agit de « progresser [...] que là où nous avons besoin d'améliorer, au point de vue défensif, nos positions acquises[6] ». Fin juillet, le général Georges avait donné dans cette hypothèse des directives très mesurées[7].

À la fin du mois de septembre, le capitaine Audollent, du 5e GRDI, raconte la réalité de cette modeste offensive. « [Les hommes] sortent des trous où ils se terrent sous des toiles de tente camouflées de branchages, écrit-il. C'est alors qu'ils ont reçu le baptême du feu. Par rafales, des fusants, des percutants leur ont appris la valeur du plat ventre. Ils reconnaissent le sifflement des obus, ils distinguent les éclatements. La guerre commence vraiment pour eux. Ils la font en Allemagne. La frontière est à quelques centaines de mètres en arrière, pour une partie à 1 500 mètres[8]. » Le sous-officier Jacques Minot, de l'arme du train, livre un autre témoignage : « Un

6. Message n° 43 CAB/FT, SHD-Terre 27N12.

7. « Instruction personnelle et secrète pour le commandant du groupe d'armées en vue des opérations initiales à conduire éventuellement entre Rhin et Moselle », 24 juillet 1939, SHD-Terre, 7N3715.

8. Témoignage du capitaine Audollent, cité par Erik Barbanson, « Le 5e GRDI, de la Sarre à l'armée Giraud », *GBM*, n° 127, janvier 2019, p. 45-52, p. 47.

corps franc de bataillon est constitué, il patrouille toutes les nuits, des coups de feu sont échangés, quelque soixante-dix-sept Allemands tombent ; mais l'impression est que personne ne veut commencer. Pourquoi les Allemands se sont-ils retirés ? Mystère[9] ! »

Au regard du nombre limité de divisions disponibles, l'ordre a été donné d'entrer en territoire allemand par étapes, entre le douzième et le dix-septième jour de mobilisation. Une attaque contre la ligne Siegfried[10] n'est envisagée qu'à partir du trentième jour, avec le louable objectif « d'intervenir au plus tôt pour soulager les forces polonaises, en maintenant ou en attirant sur notre front le maximum de forces allemandes ». Mais au trentième jour, la Pologne ne sera plus…

Reportée à deux reprises, une seule offensive, sans puissance ni volonté, est donc finalement lancée le 7 septembre en direction de la Sarre. Elle rencontre quelques succès locaux jusqu'au 9, mais elle est stoppée cinq jours plus tard et les troupes recevront à la fin du mois l'ordre de se replier. Stratégiquement, l'échec est incontestable : cette intervention n'a eu aucune incidence sur la situa-

9. Jacques Minot, *Mémoires de guerre d'un Tourangeau*, Paris, Éditions Orizons, 2019, 176 pages, p. 26.

10. Organisation défensive allemande sur la frontière, plus ou moins comparable à la ligne Maginot, mais moins puissante.

tion à l'est. Après ce simulacre d'offensive, une seconde opération du même type, envisagée le 21 septembre sur le front de Lorraine, ne connaît même pas un début d'exécution. Les Français ont néanmoins pu progresser de cinq à huit kilomètres. Ils ont perdu un peu plus de 1 800 officiers et soldats, mais la crainte de ne pouvoir venir à bout de la ligne Siegfried fait renoncer à tout effort supplémentaire.

Les critiques sont quasi unanimes. Pour le général Faury, commandant la mission militaire française à Varsovie et qui vit au jour le jour l'attaque allemande depuis le GQG polonais : « Près des trois quarts des forces allemandes se trouvaient concentrés contre la Pologne. [...] Les Allemands laissaient à peine vingt-cinq divisions devant l'armée française. Étions-nous donc tombés si bas pour être l'objet d'un tel mépris de la part de nos adversaires[11] ? » Pour le futur général Beaufre, alors capitaine sous les ordres du général Doumenc : « Que se passe-t-il pendant ce temps sur notre front ? Contre toute logique – car la logique eût voulu que l'on attaquât pour soulager les Polonais –, il ne se passe rien, ou en tout cas pas grand-chose[12]. » Marcel Lerecouvreux

11. Général Faury, « La Pologne terrassée », *Revue historique des armées*, n° 2, 1953, p. 153.

12. Général Beaufre, *Le Drame de 1940*, Paris, Plon, 1965, 364 pages, p. 189.

confirme cet abattement : « Au fur et à mesure que les jours s'écoulaient, nous lisions les communiqués avec une angoisse accrue ; d'une façon générale, on n'était pas étonnés de voir l'armée allemande triompher de l'armée polonaise, mais ce qui nous confondait tous, c'était l'inertie de l'armée française[13]. »

Durant le rigoureux hiver 1939-1940, les soldats sont nombreux à se demander pourquoi ils ont été mobilisés pour ne rien faire dans d'aussi mauvaises conditions de vie. Ce sentiment d'inutilité est aggravé dans les unités qui changent fréquemment, et sans raison apparente, de secteur. À titre d'exemple, la 61e division occupe quatre lieux de stationnement différents sur la frontière entre décembre 1939 et mars 1940, abandonnant les travaux défensifs en cours pour en engager d'autres quelques dizaines de kilomètres plus loin.

Le haut commandement allemand, conscient des limites de la jeune Wehrmacht, en vient à s'interroger sur le manque d'esprit offensif français : « Le succès en Pologne n'a été possible que parce que nous avons laissé notre frontière de l'Ouest complètement à nu, témoignera le général Halder, chef d'état-major adjoint. Si les Français avaient pu apprécier correctement la situation et exploiter le fait que la Wehrmacht était immobilisée en

---

13. Marcel Lerecouvreux, *Huit mois d'attente, un mois de guerre*, Paris, Lavauzelle, 1946, 272 pages, p. 31.

Pologne, il leur aurait été possible de traverser le Rhin sans que nous puissions les en empêcher et de menacer la région de la Ruhr qui représentait un facteur essentiel dans la conduite de la guerre des Allemands[14]. »

Les enseignements de la campagne allemande de Pologne ont été soigneusement tirés par le général Faury, chef de la mission militaire française à Varsovie, en particulier la cohérence de l'emploi du couple char-avion et la mise en œuvre de grandes unités blindées. L'état-major français diffusera une note de synthèse explicite sur le sujet[15]. Il n'en reste pas moins persuadé que la répétition du drame polonais sur le front de France est strictement impossible. De son côté, la *Revue des Deux Mondes* tire un enseignement pour le moins étonnant : « Quoi qu'il en soit, la Pologne a fourni une large contribution aux efforts des Alliés. Le plus signalé service, ajoute la revue, a été de donner la possiblilité à l'Angleterre et à la France d'exécuter

14. Général Halder, cité par Karl-Heinz Frieser dans *Le Mythe de la guerre-éclair, op. cit.*

15. « Les chars étaient toujours précédés par des escadrilles qui attaquaient les objectifs à la bombe et à la mitrailleuse. [...] Les troupes assaillies ne pouvaient recevoir aucun renfort et les contre-attaques polonaises étaient rendues quasi impossibles parce que clouées au sol par une nuée d'avions. » Note sur le rôle joué par les grandes unités blindées dans la campagne de Pologne, annexée à la note n° 295/3/FT du 1er octobre 1939, SHD-Terre, 28N58.

sans trouble leur mobilisation et la concentration de leurs forces[16]. »

L'expression « drôle de guerre » semble apparaître à la une du *Figaro* du 15 octobre 1939, sous la signature de Maurice Noël qui en attribue la paternité à « un capitaine des chars » : « Il dit cela avec une pointe de dépit sérieux. [...] Voilà quinze jours que nous n'avons rien fait. » La formule, promise à un brillant avenir, traduit l'atmosphère contradictoire de la période. Cette « vraie-fausse » guerre voit la majorité des soldats mobilisés aux frontières davantage occupés, entre deux permissions, à des travaux de terrassement et d'aménagement défensif du terrain, voire aux champs pour les récoltes, qu'à l'entraînement ou à la préparation des opérations actives. Une expression la résume : « huit mois de belote ». Le pessimisme commence à gagner les esprits. Le président Lebrun, revenant d'une visite au front, « ne rapporte pas d'impressions favorables », tandis que le capitaine Beaufre observe : « L'armée pourrit sur place dans l'inaction. » Pourtant, ponctuellement, des Français se battent, sur terre, sur mer et dans les airs. Le communiqué du GQG fait état d'actions de patrouilles et de reconnaissances, d'échanges de tirs d'artillerie, voire d'infiltrations dans le dis-

16. Général A. Niessel, « La campagne des Allemands en Pologne », *Revue des Deux Mondes*, 1er décembre 1939, p. 309-324, p. 323.

positif allemand. Scrupuleusement reprises par la presse, ces informations maintiennent l'illusion d'un front actif. « En Alsace, observe le journal *L'Action française*, un de nos détachements est parvenu à pénétrer profondément dans les lignes ennemies. Surpris par les Allemands, il est parvenu à se décrocher après un très vif combat et à rentrer dans nos lignes, muni de renseignements extrêmement intéressants[17]. » Entre septembre 1939 et avril 1940, chaque semaine apporte son lot de morts et de blessés le long de la frontière du Nord-Est. Sans que ces sacrifices servent la cause polonaise.

17. 16 avril 1940.

11

La France manquait-elle de chars et d'avions ?

« Imaginez, messieurs, le formidable avantage stratégique et tactique que prendraient sur les lourdes armées du plus récent passé 100 000 hommes capables de couvrir quatre-vingts kilomètres en une seule nuit avec armes et bagages dans une direction et à tout moment. Il suffirait pour cela de 8 000 camions ou tracteurs automobiles et de 4 000 chars à chenilles montés par une troupe de choc de 25 000 hommes. »

Général Estienne, inspecteur des chars,
dans une conférence prononcée
devant le roi Albert à Bruxelles (1922)

La supériorité matérielle de l'armée allemande est-elle la première cause du désastre militaire de la campagne de France ? Dès 1940, la question est posée, y compris par le général de Gaulle, dans son appel du 18 Juin : « Certes, nous avons été, nous sommes, submergés par la force mécanique, terrestre et aérienne, de l'ennemi. » En réalité, nul ne le conteste plus aujourd'hui, les moyens disponibles de part et d'autre s'équilibrent : entre 2 500 et 3 000 engins blindés selon les types de matériels pris en compte. Les Alliés disposent même d'une légère supériorité, si on y ajoute les quatre cents chars (essentiellement légers) britanniques et les quelques centaines d'engins hollandais et belges. La question n'est donc pas celle du nombre, mais celle des capacités techniques, de la doctrine et de l'emploi.

Sur le plan qualitatif, les blindés français ne sont pas inférieurs aux matériels allemands, loin de là. Si quelques vénérables FT-17 de la Grande Guerre sont toujours en service (huit bataillons), ils ne sont plus utilisés qu'en fixe, pour assurer la protection de points sensibles, de ponts ou bases aériennes. Les chars légers (Renault R-35 ou Hotchkiss H-39) représentent près de 70 % de l'équipement. En dépit de quelques faiblesses, armés d'un canon de 37 mm, ils peuvent honorablement être opposés aux chars allemands de la même catégorie. Les chars moyens (Renault D2 et Somua S-35) constituent moins de 20 % du parc total. Relativement sous-motorisé par rapport à son blindage, le S-35 est pénalisé par sa tourelle monoplace, comme en témoigne le sous-lieutenant Baillou. « Exiger d'un homme unique qu'il assume le service des armes, qu'il observe autour de lui, qu'il dirige son pilote, qu'il approvisionne ses armes, et qu'en plus, s'il est chef de peloton, qu'il commande sa petite unité, est tout simplement une gageure[1]. »

Enfin, derniers engins arrivés tardivement en dotation, les Renault B1 et B1-bis sont indiscutablement supérieurs à tous les autres en termes d'armement et de blindage. Mais la lenteur de la mise en service depuis 1936, malgré une accélération du rythme de production à partir de septembre 1939, en limite le nombre d'exemplaires disponibles à quelques centaines. En outre, une maintenance lourde et une grosse consommation de carburant limitent leur autonomie au combat. Pénalisés par une motorisation insuffisante au regard de leur poids, leur emploi en unités constituées donnera malgré tout au combat de très bons résultats.

Les chars relèvent de deux armes différentes, l'infanterie et la cavalerie. Pour la première, l'organisation de base est le bataillon indépendant, jusqu'à ce qu'un certain nombre d'engins soient rassemblés dans les divisions cuirassées (DCr). Pour la seconde, les chars sont endivisionnés, essentiellement au sein des divisions légères mécaniques (DLM). Au total, plus de 60 % des chars français sont disséminés au sein des différentes armées dans une logique de soutien de

1. Cité dans Erik Barbanson, « La première bataille de chars de l'histoire », *Histoire de guerre*, n° 68, avril 2006, p. 39.

l'infanterie[2], et moins de 40 % sont regroupés dans les trois DLM et progressivement dans les quatre DCr, mais ces sept divisions (au maximum) ne relèvent à aucun moment d'un commandement unique.

Parallèlement aux chars, l'aviation française laisse dans la mémoire collective l'image d'une armée quasiment absente des champs de bataille de mai-juin 1940. De très nombreux témoignages d'officiers, sous-officiers et soldats font état des effets dévastateurs, au plan tactique et moral – « la troupe a le sentiment d'être désarmée » –, des interventions directes d'une aviation allemande maîtrisant le ciel. Cette fois, la supériorité allemande est incontestable avec environ 3 000 appareils, dont 1 200 chasseurs et 1 500 bombardiers de la Luftwaffe. Les Alliés ne peuvent leur opposer que les deux tiers de ce total, dont une proportion non négligeable d'engins surclassés, et, surtout, relevant de différents commandements.

Les causes de ce déficit sont à rechercher en particulier dans la rivalité entre la nouvelle armée de l'air (née en 1934), jalouse de son autonomie et ne jurant que par le bombardement stratégique, et l'armée de terre, favorable à l'appui immédiat des

---

2. La note sur l'instruction dans la zone de l'intérieur du 13 janvier 1940 stipule encore : « Les chars seront instruits à rester en liaison étroite avec l'infanterie avant et pendant le combat. » SHD-Terre, 7N2046.

troupes au sol. Par ailleurs, la doctrine d'emploi est globalement inadaptée, ne tenant pas compte de la puissance de défense antiaérienne allemande (*Flak*). En février 1940, les commandants des groupes d'armées se plaignent auprès de Gamelin et du président du Conseil que l'armée de l'air ne mette à leur disposition que des appareils trop anciens et en nombre insuffisant. En réponse, la 1re armée aérienne est dissoute et remplacée par un commandement de l'aviation de coopération, à la disposition de l'armée de terre, et une aviation réservée, théoriquement sous la responsabilité de la seule armée de l'air. Mais durant les six semaines d'opérations actives de mai et juin, les incohérences en organisation et les cultures différentes vont conjuguer leurs effets négatifs. Les équipages ne sont pas en cause, leur engagement est total. Juste un exemple : sur les dix-huit bombardiers légers modernes Bréguet Br.693 engagés le 12 mai sur Maastricht, huit sont abattus et six gravement touchés.

À la déclaration de guerre, la chasse dispose sur le papier de 561 avions relativement modernes et le bombardement de… dix-neuf appareils récents, contre plus de 1 000 anciens ou « de transition » ! La situation s'améliore au premier semestre 1940 avec les nouveaux appareils sortant d'usine, mais les progrès restent lents. Les trois principaux avions de chasse présentent des caractéristiques bien différentes. Les Morane-Saunier MS.406 et

Bloch MB.152, qui constituent l'ossature des unités, sont significativement moins puissants et moins rapides que leurs homologues allemands, tandis que le Dewoitine D.520, qui marque un véritable progrès qualitatif, n'arrive en nombre dans les escadrilles qu'au printemps 1940. Le 10 mai, un seul groupe est équipé. Pour le bombardement, les Amiot 143, Bloch MB.200 et MB.210 ou Potez 540 sont techniquement dépassés et les appareils modernes (Amiot 350 et LeO 451) ne sont pas disponibles en nombre suffisant.

À ces déficits techniques s'ajoute le morcellement du commandement, puisque 40 % environ de la chasse française est répartie entre les différentes armées, interdisant, comme pour les chars dans le combat terrestre, de réaliser l'effet de masse nécessaire à l'obtention de la maîtrise du ciel.

Pourtant, les pilotes se lancent crânement au-dessus du champ de bataille et des villes allemandes. Dès le 7 septembre, un Bloch MB.131 de reconnaissance est pris à partie par un Messerschmitt et, bien que touché, parvient à rejoindre sa base. Le même jour un Potez 637 connaît le même sort. Le lendemain, le premier combat aérien entre six avions français et quatre appareils allemands se termine en faveur des ailes tricolores, mais l'armée de l'air perd son premier avion, un Mureaux 115 d'observation abattu à proximité de Strasbourg. Les jours suivants, les pertes augmentent rapidement, obligeant le commandement à redéployer vers l'intérieur les appareils les moins performants. Jusqu'en mai 1940, l'armée de l'air va lancer près de 10 000 missions de chasse. La Royal Air Force a beau tenter de pallier les déficits français, l'écart avec la Luftwaffe est trop important.

À la fin de la campagne de France, le chef d'état-major et commandant en chef de l'armée de l'air, le général Vuillemin, termine son ordre du jour par cette phrase aussi étonnante que lourde de sens : « Souvenez-vous que vous n'avez pas été vaincus. » De là naîtra la légende des « 1 000 victoires » de l'armée de l'air, chiffre unanimement considéré comme surévalué.

Deux autres secteurs manquent cruellement de matériels modernes : la défense antiaérienne et les communications. La première ne fait l'objet ni de débats ni d'investissements. L'autocanon de 75, hérité de la Grande Guerre, disponible en quantités importantes, semble suffire, d'autant que l'intervention de l'aviation dans la bataille n'est pas envisagée comme une composante majeure des opérations. Bien que la menace aérochimique ait été fréquemment évoquée dans la presse, les moyens de protection sont restés une question secondaire. Au sein de l'artillerie, la DCA reste une subdivision méprisée et délaissée. La situation à la mobilisation est en trompe l'œil : « À quelques unités près, les batteries disposent du nombre de pièces prévu par le tableau d'effectif. Mais cela n'est qu'une illusion car les unités sont créées pour servir les matériels disponibles.

En réalité, la comparaison entre les armes livrées et les prévisions des programmes d'armement fait apparaître des déficits énormes[3]. » La défense anti-aérienne française ne compte que quelques dizaines de batteries héritées de la Première Guerre mondiale, plus ou moins revalorisées, et une trentaine de canons… en fabrication.

Le « plan des cinq mois » (décembre 1939-avril 1940) permet d'équiper les unités spécialisées des régiments d'infanterie de série A, et en partie les régiments de nouvelle formation (y compris les divisions polonaises et tchèques), mais au 1er avril 1940 le déficit des dotations oscille entre 75 et 80 %. Les lots de munitions disponibles se sont réduits comme une peau de chagrin : cinq cents coups par mois, soit deux minutes de feu[4]… Pour rassurer ses alliés, la France livre plusieurs centaines de canons à la Finlande, à la Roumanie, à la Yougoslavie, à la Turquie, et même au corps expéditionnaire britannique (BEF), sans compter quelques dizaines envoyées outre-mer[5]. Ces huit

3. Colonel Dutailly, « Faiblesses et potentialités de l'armée de terre (1939-1940) », dans *Évolution des formes de la guerre de 1871 à 1945*, École supérieure de guerre, cours d'histoire.

4. Chiffres donnés dans « Les faiblesses de l'armée française en 1940 », *Les Cahiers de Mars*, n° 132, 1er trimestre 1992, p. 112.

5. Étude d'Éric Denis, « Les canons de 25, un bilan mitigé », comportant des tableaux récapitulatifs très complets, publié dans *GBM*, n° 102, octobre-décembre 2012, p. 77-88.

cents pièces font désormais défaut dans les compagnies françaises.

Les espoirs se portent sur le nouveau canon de 90 mm modèle 1939 à grande vitesse initiale qui vient d'entrer en fabrication, mais quelques batteries seulement pourront être livrées avant le début des opérations. Le colonel Dutailly ne peut que déplorer la difficulté de l'instruction et l'impossibilité de la lutte contre les avions à basse altitude[6].

Autre secteur en grande déshérence : les communications. Conscient des faiblesses françaises dans ce domaine, le général Doumenc décide, peu après sa prise de fonction comme major général, de créer une inspection générale des transmissions relevant du GQG. Les missions de celle-ci s'étendent à tous les domaines (emploi, instruction, matériels, règlements).

Le haut commandement français craint le manque de discrétion de la radio, qu'il a rarement l'habitude d'utiliser. La téléphonie est privilégiée, complétée par des messages télégraphiques et l'emploi d'estafettes. Or, les progrès techniques ont été considérables pendant l'entre-deux-guerres. Un poste radio est désormais un matériel fiable et d'une portée suffisante pour exercer un commandement. Les Allemands ne s'y trompent pas,

6. Colonel Dutailly, *Les Problèmes de l'armée de terre française, 1935-1939*, Vincennes, Service historique de l'armée de terre, 1980, 449 pages, p. 254-255.

qui dotent leurs généraux de véhicules tactiques équipés d'émetteurs-récepteurs pour les liaisons vers l'état-major de niveau supérieur et vers les régiments subordonnés.

Le rythme imposé aux opérations à partir du 10 mai par l'armée allemande rend presque immédiatement caduque le système français, qui s'appuie en grande partie sur un réseau téléphonique du temps de paix. Les capacités techniques des matériels en dotation restent modestes, les véhicules sont rarement équipés et les règles d'emploi sont extrêmement strictes. Résultat : le commandement n'a souvent aucun moyen de contacter les unités en mouvement, aggravant encore les délais de transmission des ordres. *A contrario*, le système ennemi, offensif dans sa conception même, repose sur l'emploi de la radio tactique. Se trouvant presque toujours avec ses éléments de tête, le général Rommel en fait un usage intensif. « Nous continuions à rouler à allure régulière en direction de notre objectif, écrit-il dans ses carnets. À intervalles répétés, je jetais un coup d'œil rapide sur la carte à l'aide d'une lampe camouflée et j'adressais un radio au QG de la division pour donner notre position et, par là même, annoncer la bonne marche du 25e Panzers[7]. »

7. Maréchal Rommel, *La Guerre sans haine. Carnets*, Paris, Nouveau Monde éditions, 2010, 475 pages, p. 51.

Côté français, la quasi-totalité des chars légers n'est pas équipée de radio, puisqu'ils sont supposés être employés au rythme des fantassins, et donc pouvoir manœuvrer au fanion[8]. Quant aux groupes d'artillerie, ils ont pour consigne de répondre aux communications radio des avions d'observation par l'emploi de panneaux air-sol. Pour les chars moyens et lourds, l'équipement est tardif, incomplet, voire inadapté. Dans un article consacré au 26e BCC en mai 1940, Stéphane Bonnaud évoque à travers les témoignages des sous-officiers et officiers ce terrible déficit en moyens de communication : « La voiture radio du 26e BCC à roues n'a pas d'antenne, ce qui empêche de vérifier les postes. [...] Pratiquement, le commandant Bonnot donne directement ses ordres en suivant les chars à pied, en tapant sur la tourelle avec sa canne. » « Les postes ER 54, provenant d'Issy-les-Moulineaux, sont réceptionnés le 8 mai 1940 et son immédiatement installés. Les postes ER 54 fonctionnent bien mais ne seront pratiquement pas utilisés car le personnel appelé à en disposer ne reçoit pas, faute de temps, l'instruction nécessaire », etc.

8. Les chars devant se déplacer à la vitesse du fantassin, les règlements prévoient que les commandements peuvent être transmis à la voix, par gestes, ou aux fanions (ou disques) « lorsque les volets et tourelles sont fermés ». La position et les mouvements verticaux ou latéraux des fanions correspondent à un code précis (en avant, déploiement, en colonne, etc.).

Le général Bruneau, commandant la 1re DCr à laquelle le bataillon est rattaché, confirme les conséquences dramatiques du sous-équipement : « Le matériel radio n'est pas mauvais, mais il a été distribué très tardivement, et installé à bord de beaucoup de chars de façon défectueuse. Notamment dans les chars H-39, où il a fallu enlever le canon de 37 mm des chars des commandants de compagnie pour loger l'appareil radio. Pour tous les chars, le courant consommé par les appareils de radio épuise rapidement la charge des accumulateurs, que la dynamo de bord, d'une puissance insuffisante, ne recharge que lentement. Lorsque les vingt-quatre heures environ de marche sont épuisées, nous sommes dans l'impossibilité de communiquer par radio[9]. »

La dépendance à l'égard de l'infrastructure civile se retrouve à l'échelle du théâtre des opérations. Max Schiavon souligne que les comptes rendus des échelons subordonnés parviennent au général Corap avec beaucoup trop de retard, alors que la situation sur le front évolue rapidement[10]. Le commandant Paterne, de la 1re armée, témoigne du chaos : « Les Britanniques se replient vers la côte, mais oublient de nous en faire part.

---

9. Cités par Stéphane Bonnaud et Régis Potié, « Le 26e BCC dans la bataille de Flavion », *GBM*, n° 121, p. 37-62.

10. Max Schiavon, *Corap, bouc émissaire de la défaite de 1940*, Paris, Perrin, 2017.

Ils détruisent le central de Lille sans préavis. […] La destruction du central téléphonique de Lille coupe toutes nos liaisons déjà fort précaires[11]. » La situation est similaire au niveau du GQG, qui ne parvient qu'avec difficulté et retard à suivre les mouvements sur le terrain. Gamelin s'est d'ailleurs opposé à l'installation d'un central radio à Vincennes : « À l'échelon où je me trouvais, qu'eussions-nous fait d'une antenne émettrice de TSF ? Nous avions d'ailleurs celle du GQG, mais nous évitions de nous en servir pour ne pas nous faire repérer[12]. »

Lorsqu'il prend ses fonctions le 20 mai, Weygand demande aussitôt qu'une station radio soit installée (elle l'est par l'armée de l'air), mais le 30 mai encore, le commandant en chef « ne dispose actuellement en propre d'aucun moyen de transmission radio lui permettant d'avoir des liaisons sûres[13] ».

La dépendance à l'égard du réseau d'infrastructure coûte cher lorsque les Allemands atteignent Abbeville le 20 mai : les liaisons télégraphiques

11. Rapport du commandant Paterne, cité par le général Montjean, *L'Étrange capture, mai 1940. Carnets inédits d'un officier d'état-major de la Ire armée*, Paris, Éditions Pierre de Taillac, 2019, 340 pages, p. 245-246.

12. Lettre du général Gamelin à *L'Aurore* du 8 novembre 1949, cité par Adolphe Goutard, *1940. La guerre des occasions perdues*, Paris, Hachette, 1956, p. 175.

13. SHD-Terre, 27N145.

et téléphoniques entre le GQG et le groupe des armées du Nord sont désormais impossibles. Les Allemands contrôlent les centraux et coupent les câbles.

12

Le général Gamelin était-il coupé des réalités ?

« Impossible d'obtenir une réponse nette. Dans les rapports qu'il adresse, on trouve le pour et le contre, le blanc et le noir, mais jamais de position ferme. »

Georges Bonnet,
ministre des Affaires étrangères

Peut-on faire un portrait complet et honnête de Maurice Gamelin (1872-1958), général commandant les forces armées françaises, dont la personnalité reste encore prisonnière d'une « légende noire », tissée dès 1941 par le régime de Vichy, à l'occasion du procès de Riom des responsables de la défaite ? « Chef de l'état-major de la défense nationale et de l'armée, le général Gamelin était responsable de la préparation de la défense nationale. Il a connu, en cette qualité, la situation militaire et diplomatique, et le devoir de sa charge était d'assurer la sécurité de la France. Par son manque d'énergie et sa carence de caractère, il a laissé s'aggraver les déficiences de l'armée et de la préparation à la guerre. [...] Le général Gamelin a trahi les devoirs de sa charge. » Peut-on éluder *Le Mystère Gamelin* (Presses de la Cité), titre de l'ouvrage de Pierre Le Goyet, quand à leur tour les milieux gaullistes ont finalement repris, le concernant, des arguments très proches ?

Dans son *Journal d'une défaite*, Paul de Villelume, chef du cabinet militaire du président du Conseil, évoque sa propension à éviter les entretiens conflictuels et à privilégier les manœuvres indirectes ou dilatoires, « son souci de feutrer les contacts ». Le ministre des Affaires étrangères, Georges Bonnet, confirme ce travers psychologique : « Impossible d'obtenir une réponse nette. Dans les rapports qu'il adresse, on trouve le pour et le contre, le blanc et le noir, mais jamais de position ferme[1]. » Ses carnets personnels, dans lesquels il note chaque jour en quelques mots ses activités ou réflexions principales, conservés au Service historique de la Défense, constituent une source de première main pour tenter de percer à jour sa personnalité. Avant guerre, y apprend-on, il se fait systématiquement représenter par son premier sous-chef pour négocier des adaptations essentielles au budget militaire avec le ministère

1. Cité par Bernard Legoux, *Les Mensonges de juin 1940*, Waterloo, Éditions Jourdan, 2012, 735 pages, p. 93.

des Finances, alors qu'à l'inverse il honore de sa présence de nombreuses réunions de moindre importance. Incontestablement intelligent, il affirme être (et laisse volontiers dire[2]) le fils spirituel de Joffre et n'oublie jamais de se présenter comme l'un des concepteurs de la manœuvre de la Marne en 1914.

Issu d'un milieu aisé, fils d'un contrôleur général des armées, major de sa promotion de Saint-Cyr, second de sa promotion de l'École supérieure de guerre, il rejoint en 1906 le général Joffre, qu'il va suivre au grand quartier général jusqu'à l'automne 1914. Il termine la guerre comme commandant de la 9e division d'infanterie, remarqué pour son habileté tactique, puis dirige la mission militaire française au Brésil avant de commander les troupes françaises au Levant. Lorsqu'il arrive aux plus hautes responsabilités en 1935, il est donc au terme d'une belle carrière. Il se trouve être à la fois le chef de l'armée du temps de paix et le généralissime désigné pour le temps de guerre : chef de l'état-major général, vice-président du Conseil supérieur de la guerre et inspecteur général de l'armée. Son ascension culmine en janvier 1938 avec sa nomination comme chef de l'état-major de la défense nationale, qui lui donne une autorité

---

2. « Gallieni est à l'origine de Joffre, comme Joffre est à l'origine de la carrière de Gamelin », dans Fidus, « Le général Gamelin », *Revue des Deux Mondes,* 1er octobre 1939, p. 493.

– très théorique – sur les autres armées. Lors de la déclaration de guerre, il cumule tous les titres.

L'une de ses premières décisions a été d'interdire aux officiers de publier livres et articles sans l'accord préalable de l'état-major. Pour le général Revol : « Il y eut comme une religion militaire d'État. Abus manifeste de scolastique. L'imagination créatrice ne faisait point défaut. Mais on la pourchassait. Indépendante, elle prenait figure d'opposition[3]. » Sur le plan opérationnel, ce manque d'audace et d'ouverture se traduit par une manœuvre compassée, l'exigence du respect scrupuleux de procédures interminables, le refus du combat de rencontre. Cette dérive, sensible dès la publication de l'*Instruction provisoire sur l'emploi tactique des grandes unités du 6 octobre 1921* exigeant qu'un général commandant de corps d'armée devait « se conformer pleinement aux ordres qu'il a reçu de l'autorité supérieure », se manifeste pleinement dans l'*Instruction* de 1936 dont il assume la responsabilité.

Prudent, Gamelin justifie en permanence ses choix et prend des garanties auprès des parlementaires et du personnel politique. Lorsqu'il rend compte, dans des lettres manuscrites, à Édouard Daladier, ministre de la Défense nationale puis président du Conseil, des difficultés de l'armée,

3. Général Joseph Revol, *Chroniques de guerre (1939-1945)*, Paris, Lavauzelle, 1945, 264 pages, p. 243.

il termine toujours ses courriers en l'assurant de sa fidélité au gouvernement. Dans son journal, le général Ironside, chef de l'état-major impérial britannique, le décrit comme « un homme influencé par ses supérieurs politiques, car il change très souvent d'avis ». Il faut reconnaître que son principal concurrent, le général Weygand, ne dit pas autre chose : « Tant qu'un officier n'est pas placé personnellement dans une situation mettant en cause son honneur de soldat ou sa dignité personnelle, il doit supporter en silence en s'abstenant de tout ce qui a un caractère politique[4]. » Brillant, cultivé, le louable scrupule républicain qui l'anime ne cache-t-il pas finalement un refus des situations conflictuelles ?

Dans une note au ministre sur l'organisation du haut commandement, le 16 avril 1940, Gamelin définit sa mission : « Demeurer au contact constant, d'une part avec le gouvernement chargé de la conduite de la guerre, d'autre part avec nos alliés britanniques », tout en conservant la possibilité « d'agir sur les théâtres d'opérations autres que celui du Nord-Est ; suivant le développement de la situation ». Sa volonté de conserver une relation étroite avec les Alliés est parfaitement justifiée, mais toutes les décisions exigent un accord intergouvernemental et le chef des armées n'a pas

4. SHD, Fonds privé Weygand, lettre au général Altmayer, 23 juin 1936.

le caractère pour affronter les ministres et chefs de gouvernement. « Dans les réunions interalliées, Gamelin ne prenait pas la parole, à moins qu'il n'y fût invité, écrit en 1943 Pertinax [pseudonyme du journaliste André Géraud exilé à New York]. Sa réserve extrême, sa circonspection semblaient dire “À vous de me consulter si le cœur vous en dit !” Instinctivement, il se posait en subordonné[5]. »

Lorsque l'offensive allemande est déclenchée sur le front ouest, Gamelin hésite encore à s'éloigner de la capitale. Alors que son entourage le pousse à rendre quotidiennement visite au général Georges, voire à s'installer avec le GQG, le généralissime « trouve que c'est trop loin de Paris ; il a besoin de rester près du gouvernement, sans cela tout risque de craquer ». Comme l'écrit Pierre Le Goyet, il donne l'impression de chercher à tirer parti d'un « compromis qui lui assure tous les avantages en cas de succès, et tous les inconvénients au général Georges en cas d'échec ».

Bien que son autorité s'exerce théoriquement sur toutes les armes alliées, il délègue au général Georges cette responsabilité éminemment politico-militaire qui doit traduire en ordres sur le terrain des décisions gouvernementales. Or, la respon-

5. Pertinax, *Les Fossoyeurs. Défaite militaire de la France, armistice, contre-révolution*, vol. 1, *Gamelin, Daladier, Paul Reynaud*, New York, Éditions de la Maison française, 1943, 376 pages, p. 26.

sabilité militaire interalliée passe rapidement du chef à... « l'adjoint de l'adjoint », puisque Georges s'empresse, dès le 12 mai, de subdéléguer cette mission au général Billotte, commandant le groupe d'armées n° 1, rendant plus difficiles les relations avec Londres et son corps expéditionnaire. Cette décision n'entraîne aucune réaction officielle de Gamelin, bien qu'elle soit contraire à ses ordres.

S'il signe de nombreuses directives, généralement pertinentes, il néglige d'en contrôler l'application, s'en remettant aux comptes rendus plus ou moins édulcorés remontant la voie hiérarchique. En dehors de toute considération opérationnelle, le travail au GQG, auprès de Gamelin comme auprès de Georges, est empreint d'un formalisme absolu. « Le style de la moindre pièce devait être impeccable et pour une phrase insuffisamment élégante le travail était à refaire », rapporte le futur général Baillif. Ce mode de fonctionnement, fruit de la routine, ne résistera pas à la violence des premiers combats : « Les officiers français étaient prisonniers de principes de commandement méthodiques, qui n'avaient plus aucune valeur pour la guerre de mouvement opérationnelle moderne[6] », souligne Karl-Heinz Frieser. Dès le début de l'offensive allemande, « une surprise aussi totale, aussi cruelle avait produit une paralysie intellectuelle et l'oubli

6. Karl-Heinz Frieser, *Le Mythe de la guerre-éclair*, *op. cit.*, p. 353.

des règles élémentaires d'organisation du travail ». Résultat, « au bout de quelques jours, tous les officiers étaient abrutis par le manque de sommeil [...], remarque Baillif. Tous ces officiers étaient pourtant de qualité excellente, ils étaient désintéressés, travailleurs, mais ils avaient travaillé bien plus qu'ils n'avaient réfléchi[7] ».

Se trouve sans doute là l'une des clés de compréhension de la campagne de 1940. Ce qui fait défaut, côté français, n'est pas l'intelligence, mais la capacité à passer rapidement du concept à la réalisation, à transformer une analyse stratégique pertinente en ordres tactiques exécutables, à traduire en actions des réflexions judicieuses. Pour le colonel Paillole, chef du 2e Bureau, Gamelin « pense bien, décide difficilement, ne s'impose jamais[8] ». La bonne décision est rapidement pressentie, mais elle n'est concrétisée par des ordres impératifs que tardivement, à contretemps.

Homme de compromis refusant de taper du poing sur la table, Gamelin aurait sans aucun doute fait un excellent diplomate, ou un délicieux cardinal. À la différence de Joffre en 1914, qui n'avait pas hésité à limoger les généraux par

---

7. Souvenirs du général Baillif, « Au GQG en mai-juin 1940 », *Bulletin trimestriel de l'Association des amis de l'École supérieure de guerre*, n° 113, 2e trimestre 1987, p. 40.

8. Paul Paillole, *Services spéciaux (1935-1945)*, Paris, Robert Laffont, 1975, 565 pages, p. 243.

dizaines, il ne procède à aucun grand renouvellement du haut commandement pendant la « drôle de guerre ». S'il critique en aparté nombre de ses pairs, il se refuse à les affronter, utilisant l'argument administratif de la limite d'âge pour se séparer de quelques-uns. D'une grande intelligence, fin et subtil, il n'était sans doute pas fait pour être généralissime du temps de guerre.

Alors qu'il cumule nominalement les responsabilités les plus élevées, il vit isolé dans son PC de Vincennes, où les réunions s'enchaînent, sans accoucher de décisions concrètes. À l'issue d'un entretien dans la « thébaïde de Vincennes », de Gaulle observe que le généralissime « s'y trouvait dans un cadre semblable à celui d'un couvent, entouré de peu d'officiers, travaillant et méditant sans se mêler du service[9] ».

9. Après l'armistice, Gamelin est arrêté, puis inculpé (procès de Riom) avec les principaux responsables politiques de la IIIe République et emprisonné jusqu'en 1942. Transféré en Allemagne, il est libéré en mai 1945 et, de retour en France, se consacre jusqu'à son décès en 1958 à la défense de ses actions.

13

Le haut commandement militaire français était-il à la hauteur ?

> « Ce sont des généraux académiques, des théoriciens en chambre, des administrateurs routiniers, des gens de cabinet rodés aux usages et des techniciens compassés qui tiennent le haut du pavé. »
>
> Jean Vanwelkenhuyzen, historien

S'il est au sommet de la hiérarchie, le général Gamelin, chef des armées françaises, n'est pas un homme seul. À ses côtés, il compte au sein du haut commandement une vingtaine de généraux d'armée[1], issus de Saint-Cyr ou de l'École polytechnique, brevetés de l'École supérieure de guerre et passés pour la moitié d'entre eux

1. Les généraux Besson, Billotte, Blanchard, Bourret, Colson, Condé, Corap, Doumenc, Frère, Garchery, Georges, Giraud, Huntziger, Olry, Prételat, Prioux, Réquin, Touchon, Weygand.

par le Centre des hautes études militaires. Cette élite militaire porte indiscutablement sa part de responsabilité dans la défaite. À l'exception de quelques fortes personnalités comme les généraux Doumenc, Frère, Giraud, Olry[2], qui ne remettent pas pour autant en cause, officiellement, les choix de Gamelin, ils se montreront gestionnaires de la chose militaire plutôt qu'hommes d'action.

Paradoxalement, l'organisation générale des armées a perdu en efficacité et gagné en complexité avec les décrets de 1938 créant un poste de chef de l'état-major général de la défense nationale. Malgré ce titre, Gamelin n'a qu'un vague rôle de coordination supérieure, dépendant en grande partie de la bonne volonté des autres chefs d'état-major, de l'air et de la marine. Circonstance aggravante, le « généralissime » ne dispose pas de major général formellement désigné, se trouvant ainsi privé d'une capacité d'action concrète. En septembre 1939, l'armée de terre est donc dirigée par trois hommes : le commandant en chef des forces terrestres (Gamelin), installé à Vincennes, qui dispose d'un adjoint opérationnel commandant le théâtre d'opérations du Nord-Est (Georges), installé à La Ferté-sous-Jouarre, et d'un major général (Bineau), chef du GQG commun. Ce dernier

2. Ces officiers généraux se distinguent en particulier par leur allant, leur détermination, leur volonté au cours de cette période cruciale.

et ses bureaux travaillent pour l'essentiel pour le général Georges ; ils sont également installés à La Ferté-sous-Jouarre (Seine-et-Marne). De son côté, l'armée de l'air dispose de sa propre organisation avec des lieux d'implantation spécifiques. Quant à la marine, même si elle n'intervient que marginalement, elle a installé son GQG au château de Maintenon (Eure-et-Loire). Cet éparpillement oblige à multiplier les échanges d'officiers de liaison, qui enchaînent les déplacements entre les sites.

Comment un tel organigramme pourrait-il donner satisfaction ? Gamelin décide donc d'engager une profonde réforme du système à la fin de l'année 1939. À son habitude, il procède par étapes et sans afficher son objectif. Le 23 décembre, il retire leurs commandements aux généraux âgés de plus de soixante-sept ans (soixante-cinq ans pour les commandants de corps d'armée, soixante-deux pour les commandants de division), pourtant nommés par lui quelques mois plus tôt. Sont directement visés les généraux Dufieux, Belhague, Mittelhauser[3] et Bineau, son propre major général. Sans doute pour valoriser son subordonné, Gamelin obtient de Daladier en janvier 1940 que le général Georges soit nommé « commandant en chef du front du Nord-Est », quitte à alourdir davantage l'organisation des armées. Lui-même

3. Ces généraux occupent alors des fonctions d'inspection générale dans la zone des armées.

reste commandant en chef des forces terrestres, en charge en particulier de la répartition des moyens entre les différents fronts. À cette date, l'idée n'est pas absurde, puisque l'on envisage des opérations en Scandinavie, dans les Balkans, en Afrique du Nord, dans le Caucase à partir du Levant. Mais seul le front du Nord-Est est à ce moment actif. Gamelin se retrouve dans la situation paradoxale d'être commandant en chef… du commandant en chef (Georges), alors même qu'il demande aux différents généraux subordonnés de s'adresser directement au commandant du front du Nord-Est ! Soulignons à sa décharge que Georges n'était pas opposé au « fractionnement du GQG », lequel n'entraînerait pas « de difficultés insurmontables pour l'exécution des transports, ravitaillements et évacuations[4] ».

Parallèlement, le général Doumenc, un fidèle de Gamelin et un bourreau de travail d'un optimisme communicatif, succède comme major général à Bineau, un proche du général Georges[5]. La situation n'en reste pas moins ubuesque. Lorsque le général Georges est nommé commandant en

4. Étude de l'EMA du 12 février 1938 sur le fractionnement éventuel du GQG, avis du général Georges, SHD-Terre, 1N40 (CSG).

5. Il faut se souvenir que Georges a été chef du cabinet militaire d'André Maginot, ministre de la Guerre, et à ce titre associé aux décisions sur la ligne Maginot.

chef sur le front du Nord-Est, la plus grande partie du GQG lui est retirée et il ne conserve qu'un état-major relativement étoffé, installé à La Ferté-sous-Jouarre. Gamelin, toujours au château de Vincennes, conserve le GQG diminué des bureaux laissés au général Georges, mais dont la plus grande partie se trouve avec Doumenc, qui lui est directement rattaché tout en s'installant à Montry, à mi-chemin entre les deux autres postes de commandement. En pratique, les 1er et 2e Bureaux (organisation et renseignements) sont à peu près divisés en parts égales, l'essentiel du 3e Bureau (opérations) demeure avec le général Georges et la quasi-totalité du 4e (logistique) s'installe avec Doumenc. Le général Prioux parle alors pudiquement de « dispersion exagérée ».

Cette réorganisation n'apporte aucune réponse satisfaisante. Si Doumenc forme un nouveau GQG au profit de Gamelin, il conserve des responsabilités essentielles en matière de transport et de ravitaillement au bénéfice du front du Nord-Est, alors même que ses bureaux ne sont plus localisés avec ceux du général Georges… Dès lors, le haut commandement français en charge de la conduite des opérations contre la Wehrmacht est divisé en six sous-ensembles distincts (dont cinq pour l'armée de terre, en prenant en compte le ministère resté dans la capitale et les directions des services réparties dans l'Est parisien, et au moins un pour l'armée de l'air), qui doivent multiplier les liaisons les uns avec les autres. C'est ainsi que le major général se déplace tous les matins auprès de Gamelin et tous les après-midi auprès de Georges.

Une telle confusion des responsabilités offre à Gamelin la faculté de s'abstraire de la conduite supérieure des opérations, tout en « conseillant » le général Georges. Deux épisodes consignés dans ses Mémoires permettent de cerner au plus près le rôle du généralissime. Le 10 mai, début de l'offensive allemande, il note que sa « journée va être consacrée à préciser la coopération de nos nouveaux alliés belges et hollandais ». Il ajoute : « Je me retiens à quatre pour ne pas bondir à la Ferté, mais je me dis que, si j'étais à la place de Georges, je serais humilié et froissé de voir arriver le commandant en chef de l'ensemble des théâtres terrestres[6]. » Il lui faudra finalement trois jours pour rendre visite à son premier subordonné. Le 19 mai, alors que le général Doumenc lui demande une nouvelle fois avec insistance de prendre en main le commandement effectif, il rédige sa célèbre *Instruction personnelle et secrète* (IPS) : « Sans vouloir intervenir dans la conduite de la bataille en cours qui relève de l'autorité du commandant en chef sur le front du Nord-Est, et approuvant toutes les dispositions prises, j'estime

6. Général Gamelin, *Servir*, vol. 3, *La Guerre (septembre 1939-19 mai 1940)*, Paris, Plon, 1946, 537 pages, p. 390.

que… » Bref, depuis son bureau de Vincennes, le généralissime se contente de « suggérer ».

Gamelin n'est pas le seul à se déplacer rarement auprès des unités. Son subordonné immédiat, Georges, n'effectue guère plus de visites en dehors de l'accompagnement protocolaire des hautes autorités civiles ou alliées. Il en résulte une méconnaissance de la situation réelle : directives non appliquées, travaux d'aménagement défensif non effectués… Seules les tournées du théâtre aux armées semblent soigneusement programmées.

Aux échelons subordonnés, l'absence de caractère peut avoir des conséquences catastrophiques dans la conduite des opérations. Lorsque le général Billotte, commandant le groupe d'armées n° 1, décède d'un accident de voiture à la fin du mois de mai, les usages militaires et l'impératif de la permanence du commandement voudraient que Blanchard, commandant la 1re armée, lui succède immédiatement. Ce sera chose faite, mais seulement quarante-huit heures après le drame, alors que les unités alliées sont pressées de toutes parts par l'offensive allemande. « Ce n'était pas ce brave Blanchard, timide et nul, qui pouvait imposer son autorité dans ces heures terribles », écrit laconiquement le lieutenant de Vogüé, officier de liaison auprès du corps expéditionnaire britannique.

Avant le déclenchement du conflit, les relations entre les principaux chefs militaires ont pu être tendues, mais la responsabilité des politiques, soucieux de conserver la prérogative des nominations d'officiers généraux, est tout aussi engagée : « La responsabilité des mauvais choix est partagée par ceux qui proposent des candidats médiocres et par ceux qui entérinent ces propositions. » Plusieurs « chapelles », mêlant militaires et politiques, s'opposent depuis des années avec plus ou moins de discrétion. Gamelin est ainsi informé à l'hiver 1939 de la possibilité de son remplacement et de celui du général Georges par les généraux Huntziger et Giraud. En exil à New York après la défaite, Pertinax rappellera pour sa part que « Weygand s'était constamment querellé, dans le passé, avec Gamelin et Pétain ». Selon l'ancien chef du service étranger de *L'Écho de Paris*, il fallait « l'entendre dauber sur Gamelin qui, chef d'état-major général, se considérait comme relevant du ministre de la Guerre plutôt que du commandant en chef et, en conséquence, n'appuyait pas ses initiatives : il le traitait volontiers de "menteur" ». Et « l'incurie de Pétain[7] » était un de ses thèmes favoris.

Comme bien d'autres, le général Armengaud, de l'armée de l'air, dénonce les « habitudes bureaucratiques », le « défaut d'énergie et de vigueur » et le « byzantinisme au lieu de la simplicité dans

7. Pertinax, *Les Fossoyeurs. Défaite militaire de la France, armistice, contre-révolution*, vol. 1, *Gamelin, Daladier, Paul Reynaud, op. cit.*, p. 28.

l'organisation de la hiérarchie »[8]. Avec le recul, Jean Vanwelkenhuyzen constate qu'« à la remarquable exception, sans doute, de Doumenc, aucun des détenteurs des postes les plus élevés n'apparaît comme un chef ». « Pas un seul stratège non plus n'émerge du lot, ajoute le grand historien belge de la Seconde Guerre mondiale. Ce sont des généraux académiques, des théoriciens en chambre, des administrateurs routiniers, des gens de cabinet rodés aux usages et des techniciens compassés qui tiennent le haut du pavé. » Bref, « il n'y a personne au sommet pour forcer le destin, commander et se faire obéir. Les caractères ne sont recherchés que lorsque les choses vont mal ».

8. Formules utilisées dans *Batailles politiques et militaires sur l'Europe*, Paris, Éditions du Myrte, 1948, 341 pages.

14

Fallait-il ouvrir un front en Scandinavie ?

« Nos maigres forces furent dispersées en de multiples opérations qui se terminèrent par autant d'échecs. Ces revers étaient partiellement dus à la confusion des idées sur le but à atteindre ; les plans changeaient tous les jours. »

Mémoires d'Anthony Eden,
ministre britannique de la Guerre,
puis des Affaires étrangères

Le 26 novembre 1939, des obus tuent des soldats soviétiques à la frontière avec la Finlande. Moscou accuse aussitôt Helsinki et dénonce le pacte russo-finnois de non-agression de 1932. Quatre jours plus tard, 400 000 hommes de l'Armée rouge sont lancés à l'assaut de l'isthme de Carélie. Dans la « guerre d'hiver » qui débute, les sympathies des Occidentaux vont naturellement à la Finlande, cinquante fois moins peuplée que l'URSS, dont la petite armée résiste héroïquement. Faut-il venir en aide à Helsinki ? Dès le début des hostilités, la question agite les Alliés. Le gouvernement français y est indiscutablement favorable. Un tel engagement présenterait le double intérêt de contribuer à une défaite soviétique après la « trahison » du pacte Hitler-Staline, tout en assurant le contrôle du minerai de fer suédois, que lorgne le Reich soumis à un blocus. Les Britanniques, soucieux de la solidité de l'alliance avec Paris, manquent d'enthousiasme, craignant une réaction défavorable des pays neutres. En outre, ils ne conçoivent pas une intervention militaire sans une coopération norvégienne et suédoise. La France ne bouge donc pas, « s'étant bornée [depuis la déclaration de guerre] à suivre pas à pas la diplomatie britannique[1] », selon la formule de l'ambassadeur André François-Poncet.

Au début de l'année 1940, les conversations officieuses se poursuivent entre responsables civils et militaires, français et britanniques. Ce n'est que lors du Conseil suprême interallié du 5 février que le principe d'une intervention est accepté. Mais le passage à l'action tarde. Le 16, après moult tergiversations, le modeste corps expéditionnaire français de Scandinavie (CEFS) est créé pour intervenir directement, avec les Britanniques, sous le commandement du général Audet. Mais sa seule grande unité opérationnelle est la brigade de haute

1. André François-Poncet, *De Versailles à Potsdam. La France et le problème contemporain allemand, 1919-1945*, *op. cit.*, p. 251.

montagne, formée par les 5e et 27e demi-brigades de chasseurs alpins. Son départ de France est prévu le 20 mars, sous réserve d'un appel formel à l'aide de la Finlande. À noter que ses troupes ne sont pas en attente dans un port, prêtes à embarquer, mais installées dans le Jura, pour tromper les services de renseignements allemands...

Les alliés occidentaux demandent à la Norvège et à la Suède l'autorisation de faire transiter par leur territoire le corps expéditionnaire. Les royaumes nordiques refusent de s'engager ouvertement, arguant de leur neutralité. Au grand quartier général français, Gamelin n'est pas convaincu par la pertinence de cette intervention. François Cochet parle d'une « ambiance d'impréparation notable[2] ». Le futur général de corps d'armée Baillif, alors commandant affecté depuis peu au 3e Bureau du GQG, racontera après la guerre, dans le *Bulletin de l'Association des amis de l'École supérieure de guerre*, la création de la section scandinave, et le choix de son chef, le capitaine Lebel, venu de l'état-major de Rabat : « À son arrivée, on lui dit sensiblement ceci : "Un spécialiste de l'Afrique du Nord ? Nous n'en avons autrement pas besoin. Nombreux sont les officiers qui y ont servi, et puis il ne se passe rien là-bas. Nous allons plutôt vous affecter à la section scandinave, dont la création vient d'être

2. François Cochet, *Les Soldats de la drôle de guerre*, Paris, Hachette Littératures, 2004, 271 pages, p. 112.

décidée." [...] Lebel pensa d'abord qu'il s'agissait d'une blague, mais non. "Qui est le chef de cette section ?" demanda-t-il. On lui répondit que précisément il n'y avait pas d'autre personne que lui-même. » L'infortuné officier demanda à pouvoir se rendre en mission entre le Danemark et la Norvège pour avoir un avant-goût de sa tâche. « On lui fit savoir qu'il avait suffisamment de pain sur la planche pour rester au bureau, poursuit Baillif. Il se documenta donc dans des ouvrages de géographie et dans les *Guides bleus.* »

Durant la seconde moitié de février, la capacité de résistance d'Helsinki est à bout et les lignes finlandaises sont enfoncées. Le 29, le gouvernement décide d'entamer des conversations de paix avec les Soviétiques. Le 6 mars les combats cessent. Le 9, le colonel de Villelume note que les militaires désignés pour rejoindre la Finlande attendent « depuis quinze jours que Gamelin veuille bien les faire partir[3] ». Le même jour, les Allemands envahissent le Danemark et commencent à occuper les ports norvégiens, tandis que les préliminaires de paix entre Finnois et Russes sont sanctionnés par le dur traité de Moscou[4], le 13 mars. Les

3. Paul de Villelume, *Journal d'une défaite*, Paris, Fayard, 1976, 478 pages, p. 229.

4. Helsinki perd sa province de Carélie (dont la deuxième ville du pays) et plusieurs îles dans le golfe de Finlande, une partie de la région de Salla, au centre-est du pays, et

Franco-Britanniques maintiennent malgré tout leur volonté d'intervention en Scandinavie, leur objectif se limitant désormais officiellement à la région minière de Suède et à ses débouchés, les ports norvégiens. Le 17 mars, le CEFS devient « groupement A » et son effectif est porté à trois divisions légères de chasseurs, auxquelles s'ajoutent une brigade de montagne polonaise et une demi-brigade de la Légion étrangère.

Les tractations incessantes entre les deux gouvernements et leurs états-majors entraînent une modification quasi quotidienne des plans. Le 9 avril, la prise de Bergen et Trondheim est décidée, mais le projet est abandonné le jour même. Celle de Narvik est envisagée le 10, mais annulée le 13. Trondheim redevient d'actualité du 15 au 18. Le 19 avril, les deux secteurs deviennent finalement l'objectif, après plus de neuf jours d'atermoiements, sur fond de crise politique intérieure en France comme au Royaume-Uni.

Un mois plus tôt (le 20 mars), à Paris, Paul Reynaud succédait à Édouard Daladier, dont il était jusqu'ici le ministre des Finances, tandis que ce dernier conservait le ministère de la Défense nationale et de la Guerre. Les deux hommes n'ont eu de cesse pendant de longues semaines d'obte-

le territoire de Kalastajasaarento, dans l'extrême nord. Le pays est amputé d'environ 10 % de sa superficie et 12 % de sa population.

nir la défaite l'un de l'autre, Reynaud en poussant Daladier et Gamelin à la démission, Daladier en sapant la majorité parlementaire de Reynaud. À Londres, des manœuvres similaires opposent « pacifistes » et « bellicistes ». La première victime de ces intrigues détestables est l'opération de Scandinavie, repoussée de jour en jour.

Le 9 avril 1940, l'armée allemande entre au Danemark, occupé en deux jours, puis attaque la Norvège. Ces deux pays présentent le double avantage pour Berlin de faciliter l'importation du minerai de fer suédois, indispensable à l'industrie de guerre, et de constituer un « balcon » sur l'Atlantique Nord, dans le cadre de la lutte contre l'Angleterre. L'opération *Weserübung*, cyniquement présentée comme une protection de la neutralité norvégienne, débute par le déploiement des navires, puis par le largage de parachutistes et le débarquement simultané de troupes en huit points clés du territoire.

Dans un premier temps, ni les Britanniques, ni les Norvégiens, ni même les Allemands n'ont une vision claire de l'évolution de la situation sur le terrain, mais l'effet de surprise et la nette supériorité des Allemands leur permettent d'atteindre leurs objectifs. Tandis que la famille royale et le gouvernement quittent la capitale, l'homme politique norvégien Vidkun Quisling (1887-1945), principal artisan de la collaboration avec le IIIe Reich, se proclame Premier ministre après un coup de force.

La saisie par des opérations combinées (marine et parachutistes) des principaux ports est une réussite, mais au prix de pertes importantes.

Aussitôt, Paul Reynaud relance le projet d'une expédition nordique pour interdire au IIIe Reich d'utiliser le minerai suédois. Les négociations entre Français et Britanniques sur la participation de chaque armée, l'organisation de la force expéditionnaire, son commandement et ses missions traînent en longueur. Paul de Villelume note dans son journal à la date du 14 avril : « Les Anglais ne nous tenant pas au courant de leurs projets, le général Gamelin s'est borné à demander à notre attaché militaire de les interroger avec discrétion. » Le lendemain pourtant, les premiers soldats anglais débarquent en Norvège, suivis par les Français à partir du 19, dans le secteur de Namsos. Le 16 avril, en annonçant l'arrivée des Britanniques, *L'Action française* n'hésite pas à affirmer que « la résistance norvégienne, qui ne fait que s'affermir tous les jours, va pouvoir être renforcée », et que « chassés du nord de la Norvège, les Allemands piétinent dans le sud ». Las...

La confusion qui a présidé à la préparation de l'opération se poursuit sur le terrain. La brigade britannique débarquée à Namsos est privée de son commandement, mis à terre à Narvik. Les chasseurs alpins français sont débarqués sans leurs skis, qu'ils ne retrouveront que plusieurs jours plus tard. Par ailleurs, les effectifs déployés restent bien inférieurs aux plans initiaux : 15 000 Britanniques et 8 500 Français entre Narvik et Namsos, pour 80 000 soldats au total initialement prévus. « Nos maigres forces furent dispersées en de multiples opérations qui se terminèrent par autant d'échecs, écrira dans ses *Mémoires* le ministre de la Guerre puis des Affaires étrangères britannique Anthony Eden. Ces revers étaient partiellement dus à la confusion des idées sur le but à atteindre ; les plans changeaient tous les jours. »

Pourtant, grâce au beau comportement de ces troupes engagées dans des conditions difficiles, le 28 mai Narvik tombe entre les mains des Alliés. La « bataille du fer » constitue indiscutablement une victoire, mais une victoire locale et éphémère au moment où l'armée allemande déferle sur la France. Le corps expéditionnaire est aussitôt contraint de rembarquer dans l'urgence.

15

Peut-on reprocher la défaite aux Belges ?

« Aucune tranchée, aucun ouvrage défensif, aucun piquetage, aucune défense accessoire fixe, aucun obstacle antichar, rien. »

Capitaine Métivier
(2e Bureau du corps de cavalerie),
le 10 mai 1940 à Gembloux

En octobre 1936, confronté à des difficultés politiques intérieures[1] et constatant à la fois la réalité du réarmement allemand et la faiblesse de l'outil militaire français, le roi des Belges Léopold III renoue avec une politique de stricte neutralité, tout en limitant drastiquement ses investissements militaires. Pour la France, la coopération avec l'état-

1. Crise politique intérieure entre Flamands et Wallons sur fond de montée des partis extrêmes. Le roi fait alors le choix de la politique « des mains libres », ce que le ministre des Affaires étrangères belge traduit par « une politique exclusivement et intégralement belge ».

major belge et une entrée en premier en territoire belge en cas de menace allemande cessent d'être des hypothèses réalistes. En mai 1940, lorsque le groupe d'armées du Nord pénètre sur le sol belge, les soldats français découvrent un terrain non aménagé : « Derrière les obstacles antichars de Cointet[2] posés sur le sol mais ni arrimés entre eux ni fixés au sol et présentant des vides nombreux, il n'existe aucune position de tir aménagée pour battre cet obstacle faible et discontinu[3] », constatera le capitaine Métivier. Enfin, le roi étant constitutionnellement commandant en chef de l'armée belge, la question du commandement unique n'a jamais été clairement posée. Sur le sol belge, les Alliés combattront côte à côte, mais pas toujours ensemble...

Mais revenons au début du mois de septembre 1939 et à la déclaration de guerre. Vu la gravité de la situation, Paris et Bruxelles nouent à nouveau des contacts informels réguliers. Une planification militaire commune est même ébauchée. Mais à bien des égards, le haut commandement belge et le conseiller militaire du roi, le général Van Overstraeten, font preuve d'inertie, au grand

---

2. Obstacle métallique antichar conçu au début des années 1930 par le colonel Cointet.

3. Général P. Renauld, « Manœuvre "Dyle" ou manœuvre "Escaut" », *Bulletin trimestriel de l'Association des amis de l'École supérieure de guerre,* 3e trimestre 1980, p. 45-52.

regret de l'attaché militaire français, qui constate que « malgré [son] insistance, aucun travail n'a été fait ». La priorité du royaume est ailleurs, comme Van Overstraeten le confirme à l'amiral britannique Keyes : « On ne peut pas tout faire en même temps. Avant tout le canal Albert et le réduit national autour de Bruxelles[4]. »

Pourtant, c'est bien l'attaché militaire belge à Paris qui avertit le 12 janvier 1940 de l'imminence d'une attaque allemande. Un Messerschmitt de liaison a été contraint de se poser en Belgique deux jours plus tôt à la suite d'une erreur de navigation. Son passager, le major Reinberger, n'a pas eu le temps de détruire tous ses documents et a été trouvé porteur d'une version du plan Jaune d'invasion de la France. Celui-ci prévoit une attaque des armées du Reich par les Ardennes en direction de la baie de Somme, avec pour objectif l'isolement du groupe d'armées du Nord du reste des forces françaises. Mais Gamelin ne porte aucun crédit à ces documents. Il refuse de modifier le plan « Dyle » et accélère la préparation du GA 1. Il en profite pour demander à Bruxelles d'abandonner sa politique de stricte neutralité, afin de permettre l'entrée sur son sol des troupes françaises. De son côté, la Belgique, après une nouvelle alerte le

4. Général Van Overstraeten, *Albert Ier-Léopold III : vingt ans de politique militaire belge, 1920-1940*, Bruges, Desclée de Brouwer, s.d., 752 pages, p. 432.

13 janvier, rappelle ses soldats permissionnaires. Son chef d'état-major fait ouvrir la frontière sud pour faciliter le passage des unités tricolores. Cette décision lui vaut la disgrâce du roi, partisan de la neutralité.

Le refus belge de préparer en amont la défense commune a indiscutablement favorisé l'offensive allemande et rendu d'autant plus aléatoire l'option française Dyle-Breda. Lorsque les troupes allemandes attaquent, le 10 mai 1940, « les découvertes du capitaine Métivier (2e Bureau du corps de cavalerie), qui s'est porté sur Gembloux, sont stupéfiantes : aucune tranchée, aucun ouvrage défensif, aucun piquetage, aucune défense accessoire fixe, aucun obstacle antichar, rien[5] ». L'abandon de la position fortifiée de Namur le 15, la retraite derrière le canal de Bruxelles-Charleroi et la prise de Bruxelles le 17, l'échec de la bataille de la Lys, puis la retraite des Britanniques à partir du 27 contraignent Léopold III à ordonner l'arrêt des combats le 28 mai au matin, quitte à aggraver la situation des Franco-Britanniques. Tandis que le gouvernement belge se réfugie en France, le souverain demeure dans son pays et se considère comme prisonnier des Allemands, son geste lui valant d'être violemment pris à partie par le président du Conseil Paul Reynaud, qui

---

5. Général Montjean, *L'Étrange capture, mai 1940. Carnets inédits d'un officier d'état-major de la Ire armée*, *op. cit.*, p. 39.

l'accuse d'avoir trahi en ordonnant de déposer les armes sans prévenir Français et Britanniques. C'est faux, mais cela contribuera à la « légende noire » du roi.

16

Un front dans les Balkans ou le Caucase était-il concevable ?

« Un effort dans les Balkans serait pour la France d'un bien plus grand rendement qu'un effort en Scandinavie : le théâtre général des opérations s'étendrait largement, Yougoslavie, Roumanie, Grèce, Turquie nous amèneraient le renfort d'environ cent divisions. »

Général Gamelin

Selon le commandant en chef, le général Gamelin, la France, faute de pouvoir prendre l'initiative à l'ouest, doit rechercher de nouveaux alliés pour l'ouverture de fronts périphériques. À défaut de concentrer ses efforts sur le front du Nord-Est, l'état-major consacre, sur ordre, un temps et une énergie considérables à échafauder d'hypothétiques actions à partir des Balkans et du Moyen-Orient, envisageant de faire agir de concert les frères ennemis grecs et turcs…

Depuis les traités de paix de la fin de la Première Guerre mondiale, Paris entretient des relations soutenues avec l'Europe balkanique. La Grèce, la Roumanie et la Yougoslavie constituent à ses yeux les bases d'une future coalition sur les arrières du IIIe Reich. La diplomatie française tente de convaincre ses voisins, en particulier les Italiens, qu'une double menace pèse sur la région : allemande sur les Balkans occidentaux ; russe sur la Roumanie et la Bulgarie. À ses yeux, une alliance s'impose, mais Mussolini, fermement partisan de la non-intervention, s'y oppose, et son gendre et ministre des Affaires étrangères, le comte Ciano, répète qu'« il convient de ne rien brusquer ».

Rappelé au service, le général Weygand est nommé au commandement en chef du théâtre d'opérations de Méditerranée orientale le 26 août 1939. Son champ d'action : la préservation des frontières, en réalité peu menacées, du Levant, la création d'un corps expéditionnaire susceptible d'intervenir comme en 1915 (« le front d'Orient ») à partir de Salonique, et la coordination des missions militaires françaises en Turquie, Yougoslavie, Roumanie et Grèce. Pour ce faire, il dispose de trois types de formations : les troupes spéciales du Levant[1], des troupes supplétives de qualité

1. Recrutées localement au Liban et en Syrie et encadrées par des officiers français, elles ne comptent que quelques

très variable[2], pour le maintien de l'ordre et des patrouilles dans les zones désertiques ; les troupes d'occupation : quelques régiments de tirailleurs sénégalais ; et l'embryon d'un corps expéditionnaire, à partir des 1re et 2e brigades mixtes du Levant, qui prend en octobre 1939 le nom de « corps d'armée L/groupement des forces mobiles du Levant ». Ces effectifs sont renforcés par la 86e DI, venue d'Algérie, mais restent modestes par rapport à l'ambition d'ouvrir un front périphérique sur le flanc sud-est du Reich.

Pour Gamelin, néanmoins, deux mois avant le début de la campagne de France, l'hypothèse de l'ouverture d'un front oriental reste crédible : « Un effort dans les Balkans serait pour la France d'un bien plus grand rendement qu'un effort en Scandinavie : le théâtre général des opérations s'étendrait largement, Yougoslavie, Roumanie, Grèce, Turquie nous amèneraient le renfort d'environ cent divisions[3]. »

Dans cette région stratégique pour le Royaume-Uni, les rapports franco-britanniques conditionnent les possibilités d'action. Or Londres n'envisage pas un

---

bataillons d'infanterie, escadrons de cavalerie et compagnies spécialisées.

2. Recrutées sur une base ethnique ou confessionnelle (Druzes, Tcherkesses, etc.).

3. Cité par François Cochet, *Les Soldats de la drôle de guerre*, *op. cit.*, p. 113.

engagement, au point que Weygand, dès le mois de décembre 1939, estime que « si les affaires ne marchent pas du côté des Balkans, c'est la faute des Anglais[4] »... Le commandement en chef du secteur de la Méditerranée orientale est un ferme partisan de l'ouverture d'un front sud-oriental, mais il doit constater, outre les réticences anglaises, la modestie des moyens des uns et des autres. « L'armée Weygand sur laquelle couraient les bruits les plus fantastiques ne constituait en rien une force, mais un simple épouvantail[5] », reconnaîtra le général Beaufre.

Plus originale est sans doute l'hypothèse d'une intervention dans le Caucase. Celle-ci est évoquée à l'hiver 1939-1940. Son objectif : priver, par un bombardement aérien, l'URSS, alliée de l'Allemagne, des ressources pétrolières de la région de Bakou. Mais une telle opération suppose la présence en Syrie de bombardiers lourds, forcément britanniques, puisque la France n'en possède pas. Or, les moyens du Royaume-Uni sont limités dans ce domaine, souligne Weygand dans ses *Mémoires*. Il ne consacre au sujet qu'une page, en indiquant les dates des études effectuées, et sou-

4. Cité par Henri Massis, dans Max Schiavon, *Les Carnets secrets du général Huntziger*, Paris, Éditions Pierre de Taillac, 2019, 351 pages, p. 99.

5. Général Beaufre, *Mémoires 1920-1940-1945*, Paris, Presses de la Cité, 1969, 514 pages, p. 201-202.

ligne simplement l'ignorance ou l'irresponsabilité des décideurs politiques : « Au comité de guerre qui se tint à Paris, on en parla avec une légèreté et une indiscrétion qui m'étonnèrent. Le 11 avril, dans mon dernier entretien avec lui, M. Reynaud, qui paraissait désirer une exécution aussi prompte que possible, me demanda la durée du délai de préparation. D'après les premières études faites à Beyrouth, je l'estimais à trois mois. Il en fut étonné, pensant que quinze jours devaient suffire[6]. » Les réserves des autorités militaires elles-mêmes, y compris de l'armée de l'air, furent telles que le projet fut abandonné. Manque de moyens humains et matériels, absence de volonté commune à Paris et à Londres : le rêve d'une intervention interalliée dans les Balkans s'évanouit dès l'ouverture du front ouest.

6. Général Weygand, *Mémoires*, vol. 3, *Rappelé au service*, Paris, Flammarion, 1950, 596 pages, p. 71.

17

Le plan Dyle-Breda était-il réaliste ?

> « Notre manœuvre en Belgique et en Hollande ne doit pas nous entraîner à engager sur ce théâtre la majeure partie de nos disponibilités. En cas d'une attaque ennemie, au centre, sur notre front entre Meuse et Moselle, nous pourrions être démunis des moyens nécessaires à la riposte. »
>
> Général Georges

Les Français, comme leurs dirigeants, sont majoritairement favorables à une stratégie défensive, qui a justifié de lourds investissements et dont la presse vante les qualités. Pourtant, les unités les plus modernes et les mieux équipées de l'armée, regroupées au sein du groupe d'armées n° 1 du général Billotte[1], ont une mission initiale nettement

---

1. Constitué du nord au sud des 7e, 1re et 9e armées. La première aura pour objectif le sud de la Hollande, *via* Bruges, la deuxième la région de Charleroi et le sud de la Dyle, la

offensive. Ces intentions peuvent sembler contradictoires, mais elles répondent à une logique, car ces unités doivent être lancées en Belgique, loin en avant du dispositif général. L'objectif est de devancer les Allemands au nord du territoire belge pour y mener une bataille d'arrêt afin de maintenir les opérations militaires hors du territoire national. D'un point de vue stratégique, il n'est pas absurde de considérer que l'ensemble formé par les Pays-Bas, la Belgique et le nord de la France a une cohérence géographique et constitue un glacis, à partir duquel il est possible de manœuvrer tout en couvrant la France métropolitaine et ses sites industriels. Cohérent dans son principe, ce plan pouvait être considéré comme réaliste dans sa version initiale, mais reposait sur trop de facteurs aléatoires dans sa forme définitive.

Le plus important d'entre eux est la politique de neutralité absolue adoptée par la Belgique depuis octobre 1936. Comment planifier une intervention majeure avec une armée belge officiellement susceptible de s'opposer défensivement aussi bien à une attaque allemande qu'à une opération française. D'ailleurs, à l'issue de la mobilisation belge à la fin du mois d'août 1939, douze divisions seront orientées vers le sud et la frontière française…

---

troisième le secteur Namur-Dinant. Le corps expéditionnaire britannique (BEF), intercalé entre les 7e et 1re armées, doit monter vers Bruxelles et la Dyle moyenne.

Dans un premier temps, en septembre 1939, Gamelin envisage de porter les unités françaises sur la rive ouest de l'Escaut, de Tournai à Gand et Anvers. Deux mois plus tard, il fait le choix de pousser plus avant, sur la ligne de la Dyle, rivière sur les rives de laquelle les Belges affirment avoir entamé la construction d'un barrage antichar. En mars 1940, Gamelin choisit finalement l'hypothèse Breda, ville du sud des Pays-Bas, de façon à pouvoir « tendre la main » aux Néerlandais. Principale conséquence de ce choix : la 7e armée, jusqu'alors réserve stratégique stationnée dans la grande région de Reims, est affectée au GA 1 et positionnée à l'extrême gauche du dispositif avec pour mission de rejoindre la frontière hollandaise. La France ne dispose alors plus de grande unité moderne de réserve immédiatement disponible.

Durant cette période, l'état-major belge est informé en secret et son accord officieusement sollicité. Bien que les Pays-Bas, avec lesquels les Français n'entretiennent aucune relation d'état-major, décident en avril 1940 de ne pas se battre sur leur frontière, mais de défendre un réduit côtier entre Rotterdam et Amsterdam, le généralissime français persiste dans son plan Breda. « Dans toutes les hypothèses, explique-t-il, le point essentiel est que les Belges sollicitent le plus tôt possible l'intervention française », de façon à pouvoir arriver dans la région avant les Allemands. En effet, si le plan initial consiste en un simple mouvement de pivot des troupes au-delà de la frontière, la manœuvre Dyle exige trois jours de déplacement et d'installation, et l'hypothèse Breda au moins cinq.

Le généralissime et le général Georges vont longuement et discrètement s'opposer sur les modalités de cette opération, le second estimant que la ligne de la Dyle est trop peu solide et l'hypothèse Breda trop risquée. Prudent, il estime que « notre manœuvre en Belgique et en Hollande ne doit pas nous entraîner à engager sur ce théâtre la majeure partie de nos disponibilités. En cas d'une attaque ennemie, au centre, sur notre front entre Meuse et Moselle, nous pourrions être démunis des moyens nécessaires à la riposte[2] ».

Le plan Dyle-Breda est déclenché le 10 mai au petit jour, dès que l'offensive allemande contre les Pays-Bas et la Belgique est connue. Les grandes unités du GA 1 du général Billotte rejoignent au plus vite leurs objectifs : du nord au sud, la frontière hollandaise et Breda pour la 7e armée partant de la région de Dunkerque ; Bruxelles pour le corps expéditionnaire britannique stationné autour de Lille ; l'est de Charleroi pour la 1re armée venant de Cambrai ; la ligne Dinant-Namur pour la 9e armée au nord de Sedan. La montée vers le nord s'effectue globalement dans de bonnes conditions, même

2. Lettre n° 941/3 du 5 décembre 1939, citée par le général Roton, *Années cruciales*, Paris, Lavauzelle, 1947, 304 pages, p. 97.

si des problèmes de ravitaillement en carburant sont rapidement perceptibles. Le 12 au matin, les principaux objectifs sont atteints et la manœuvre peut apparaître comme un succès. Mais de mauvaises surprises attendent les Français lorsqu'ils atteignent leurs zones de déploiement. Quand le général Prioux, commandant le corps de cavalerie, arrive sur la Dyle, il est confronté à l'absence quasi totale d'aménagements défensifs du terrain par les Belges. Il considère, tout en demandant des renforts, que l'hypothèse Dyle est irréaliste : « Il semble difficile de couvrir installation armée sur position Wavre-Gembloux jusqu'à J.6. [...] J'estime que seule la manœuvre Escaut peut être jouée, étant entendu que le CC poursuivrait son action retardatrice sur l'axe Hannut-Gembloux-Nivelles-Soignies[3]. » Les échanges de télégrammes se multiplient pendant tout l'après-midi entre Prioux et les différents niveaux de commandement jusqu'au GQG, et vers 20 heures, sur ordre de Gamelin, le général Billotte impose le maintien de l'option Dyle.

Les Allemands ne restent pas inactifs et déposent des parachutistes sur les superstructures du fort d'Eben-Emael, élément essentiel de la défense de Liège et plus largement de la route d'invasion. La puissante forteresse est prise en moins de deux

3. Confirmation télégraphique du colombogramme chiffré n° 15/3 PCA du 11 mai 1940.

jours, permettant à l'armée allemande de franchir le canal Albert qui devait contribuer à les ralentir. Par ailleurs, la Luftwaffe prend intensément les Français à partie dès le premier jour.

Au nord du front d'attaque, après avoir franchi la Meuse le 11, la 9e *PzD* rencontre le 12 mai, dans la région de Tilburg, les éléments avancés de la 1re DLM française, mais, poussant droit devant en direction de la mer du Nord, atteint Berg-op-Zoom dès le 15, coupant l'armée néerlandaise des autres armées alliées. Opérant une conversion vers le sud, ses régiments sont en Belgique le 19. Les Pays-Bas ont déjà capitulé et l'hypothèse Breda a fait long feu.

Au centre du dispositif allemand, les 3e et 4e *PzD* réduisent le saillant hollandais de Maastricht le 10 mai et passent le canal Albert le lendemain, avant de foncer dans la direction générale de Charleroi. Pour ne pas risquer d'être débordés par le sud, les Français tentent de résister dans la région Hannut-Gembloux, mais, menacés d'être dépassés par les Allemands qui se sont infiltrés dans leur dispositif, ils doivent se replier vers le sud-ouest dans la nuit du 16 au 17 mai. L'effondrement de l'armée belge, l'absence d'organisation défensive du terrain, le manque d'appui aérien direct sont autant de facteurs qui contraignent les Français à se replier chaque jour pour réaligner un front toujours menacé d'être rompu.

Au sud, l'offensive allemande est lancée sur deux axes. Le 15e *PzK* entre en Belgique le 10, au sud de Saint-Virth, pour marcher vers Dinant, tandis que le 6e *PzK*, par le nord du Luxembourg, fonce vers la Semoy et Sedan. En dépit des renseignements convergents qui annoncent les concentrations motorisées ennemies, aucune mesure particulière n'a été prise pour renforcer ce secteur. Le 13 mai, avions, fantassins et blindés sont lancés vers la Meuse, que les premiers sapeurs allemands franchissent le soir même. Du côté français, les permissions n'ont pas été suspendues et dans certaines unités il manque 15 à 20 % de l'effectif, officiers compris.

Malgré l'échec général à l'échelle du théâtre d'opérations, les hommes se battent souvent avec acharnement et le parcours de certaines unités est emblématique de la succession des événements. Dès le premier jour, la 60e division d'infanterie, bien que de série B, monte vers le nord avec l'armée Giraud et atteint la Hollande, où son général, Marcel Deslaurens, est tué au feu le 17 mai. Elle terminera dans la poche de Dunkerque où la majorité des hommes seront faits prisonniers. Pendant ce temps, plus au sud, les unités sont rameutées vers la frontière franco-belge, comme la 43e division d'infanterie qui reçoit, le 12, l'ordre de rejoindre la région de Maubeuge. On hésite parfois entre le terme d'épopée et celui d'errance pour qualifier leurs pérégrinations et leurs combats entre la vallée de la Sambre, Lille et Dunkerque. Emportée dans le maelström d'une retraite qui n'est plus maîtrisée au niveau opératif, la 43e DI arrive incomplète sur sa zone d'engagement, puis perd certains de ses éléments au fur et à mesure de ses déplacements, ce qui n'empêche pas le 10e bataillon de chasseurs à pied, par exemple, de « faire Sidi Brahim[4] » dans le secteur du bois de Blarégnies : « Messieurs, l'heure est venue. Brûlez vos fanions et faites mettre la baïonnette ! »

Sur la Meuse, la 53e DI, privée de son artillerie, va tenter de recueillir les éléments en retraite de la 5e division motorisée pressée par les Allemands. Reconstituée en division légère d'infanterie au camp de Mailly quelques jours plus tard, elle va se replier tout en combattant de la Champagne au Massif central ; elle ne comptera plus que huit cents officiers et soldats à l'heure de l'armistice. La 61e DI, engagée en Belgique et qui parvient à échapper au piège allemand en se repliant à partir du 12 mai, est dissoute deux semaines plus tard, après les combats sur l'Oise : elle ne totalise plus que deux cents hommes de troupe. Ces quelques exemples témoignent de la ténacité et du courage des soldats français de mai 1940. Nous sommes ici

4. Expression devenue symbolique, en référence aux combats du 8e bataillon de chasseurs et d'un escadron du 2e régiment de hussards en septembre 1845. On compta onze survivants sur les cinq cent quarante hommes engagés.

face à un paradoxe difficilement compréhensible si l'on en reste à l'échelon tactique, puisqu'en dépit du beau comportement au combat de nombreuses unités, rien ne semble pouvoir empêcher la rapide marche en avant des Allemands.

Le 15 mai, la situation se dégrade. Tandis qu'aucune activité majeure n'est signalée en début de matinée dans le *Journal de marche*, qui n'évoque que quelques incursions aériennes ennemies et une « attaque de petite envergure sur division gauche, repoussée », l'information est soudainement communiquée à 13 h 50 : « 18e DI volatilisée. A lâché le pont de Namur. Situation grave sur tout le front. Les troupes se replient », avec cet appel angoissant : « Demande de décision », comme si le commandement de l'armée était dans l'incapacité de réagir. Une heure plus tard, le général Corap en personne rend compte à Billotte : « La retraite prend l'allure d'un reflux général poursuivi par engins blindés. » Au soir, le GA 1 donne l'ordre à toutes ses grandes unités de se replier pour rétablir une ligne de front au sud de Bruxelles et de la Sambre, puis sur l'Escaut. Le repli est définitivement engagé et il est entrepris dans une atmosphère de totale impréparation, au milieu d'un extrême désordre.

Le bilan militaire de ce triste épisode ? En un peu plus de trois semaines, du 10 mai (entrée en Belgique) au 4 juin (fin de l'évacuation de la poche de Dunkerque), l'armée française a perdu vingt-quatre divisions d'infanterie sur soixante-sept (dont six divisions motorisées sur sept), deux divisions légères de cavalerie sur cinq, trois divisions légères mécaniques sur trois et une division cuirassée sur quatre, soit trente divisions parmi les plus modernes et les mieux équipées.

Intellectuellement satisfaisant à l'automne 1939, le plan Dyle-Breda n'a pas résisté au choc de la réalité six mois plus tard.

18

Peut-on parler d'une « surprise » de Sedan ?

> « [...] On compte beaucoup sur la forêt des Ardennes et sur la Meuse pour protéger Sedan, donnant peut-être à ces obstacles naturels une importance exagérée. »
>
> Rapport parlementaire, mars 1940

Le plan allemand, plusieurs fois modifié depuis l'entrée en guerre de septembre 1939, a été définitivement adopté au début de l'année 1940 et les ordres initiaux ont été transmis aux commandants des grandes unités début mars. Il s'articule autour de deux grands ensembles complémentaires. À partir des Pays-Bas et de la Belgique, le groupe d'armées B du général von Bock doit repousser vers le sud les troupes alliées, qui seront coupées de leurs bases arrière par le groupe d'armées A du général von Rundstedt, qui concentre l'essentiel des moyens blindés. Prises dans une immense nasse au nord du théâtre d'opérations, peu et mal ravitaillées, les divisions alliées n'auront alors le choix qu'entre la destruction au combat ou la reddition. Le passage des divisions blindées par le massif des Ardennes, considéré comme trop risqué, voire matériellement impossible, par les généraux von Brauchitsch, commandant en chef de l'armée de terre allemande, et Halder, son adjoint, doit être imposé par Hitler. La manœuvre prévoit l'appui permanent et direct des troupes au sol par l'aviation d'assaut qui supplée l'artillerie dans cette première phase. On sait aujourd'hui que le plan Jaune (*Fall Gelb*), n'est précis et directif que jusqu'à la prise de Sedan (13-15 mai 1940) et au franchissement sur la Meuse. Au-delà, conformément au style de commandement décentralisé en vigueur dans l'armée allemande, le commandement de contact est habilité à prendre toute initiative pour forcer le succès.

Les Ardennes françaises restent mal défendues, en dépit des efforts de Corap, comme deux députés le constatent en mars 1940[1] : « Dans la région de Sedan, on compte beaucoup sur la forêt des Ardennes et sur la Meuse pour protéger Sedan, donnant peut-être à ces obstacles naturels une importance exagérée. » Dès 1938, le général Prételat a demandé la construction dans ce secteur de solides organisations défensives, mais les crédits

1. Leur rapport à l'Assemblée, transmis au GQG, est resté sans suite.

n'ont pas été attribués. À quelques semaines de l'offensive allemande, l'aménagement défensif du terrain est minimal, les obstacles antichars quasiment inexistants et les deux parlementaires considèrent qu'aucune défense prolongée n'est possible en l'état. Sur le plan militaire, deux faiblesses du dispositif français sont à souligner dans une large zone entre Dinant et Sedan : l'inadaptation des moyens de la 9e armée et les déficiences de la liaison avec la 2e armée voisine d'autre part. Le général Georges est l'un des premiers à s'en être inquiété auprès de Gamelin, mais, en dépit de cette approche lucide du déploiement des forces, celui qui officiellement commande sur le front du Nord-Est ne procède qu'à quelques réaménagements marginaux. Il répond en mars 1940 au député Taittinger, qui souligne le retard dans l'organisation défensive : « J'estime qu'il n'y a aucune mesure urgente à prendre pour le renforcement du secteur de Sedan. »

Le généralissime sait d'ailleurs s'en souvenir dans ses Mémoires, lorsqu'il s'étonne que des réserves n'aient pas été prépositionnées « l'une derrière Dinant, l'autre derrière Sedan ». De l'art d'évacuer les responsabilités : l'un observe sans décider, l'autre suggère sans commander.

Le commandant en chef ne s'intéresse tout simplement pas à ce secteur du front du Nord-Est : « J'ai bien compris que la Meuse ne le préoccupait pas », précise le général Corap à son chef d'état-major.

Déployée entre Pont-à-Bar (Ardennes) et Guise (Aisne), la 9e armée est structurellement frappée, comme ses homologues, de faiblesses majeures, alors qu'elle se trouve dans un secteur particulièrement menacé. Créée comme « détachement d'armée des Ardennes » à la mobilisation, elle devient officiellement la 9e armée le 15 octobre 1939, sans toutefois gagner en capacité opérationnelle. Elle est par ailleurs privée d'une partie de ses moyens par le général Georges, alors même qu'elle doit jouer un rôle majeur entre le GA 1 engagé en Belgique et les ouvrages de la ligne Maginot, et que son chef ne cesse de demander des renforcements. Relevant nominalement du groupe d'armées n° 1 du général Billotte, elle n'est que partiellement concernée par le mouvement général vers la Belgique et reste essentiellement constituée de divisions peu mobiles et à la puissance de feu réduite, qu'elles soient de forteresse (102e DIF) ou de série B (53e et 61e DI). Non seulement ces grandes unités sont pauvrement équipées en matériels de transport, mais les dotations ne sont pas totalement réalisées. Enfin, leurs états-majors sont sous-dimensionnés et leurs moyens de communication insuffisants. Selon les ordres de Gamelin, chaque division doit alterner séjour en ligne, travaux d'aménagement du terrain et instruction par périodes d'au moins quinze jours. En pratique, les soldats restent fréquemment inemployés et développent un sentiment d'inutilité. Dans certains secteurs, la prévôté note de nombreux relâchements de la discipline.

En dépit de ses fragilités, la 9e armée doit, pour son aile gauche, pénétrer en échelon refusé de cinquante à cent cinquante kilomètres en Belgique, et, pour son aile droite, s'installer en défense ferme sur la Meuse sur un front de près de soixante-dix kilomètres. Qu'il s'agisse de la marche vers l'avant des 11e et 2e corps d'armée ou de la tenue d'un front fixe par le 41e CA de forteresse, ses moyens sont inadaptés et insuffisants. Sur un front aussi ample, sans moyens de transport, antichars et de communication à la hauteur, sans appui soutenu de l'aviation, les choix tactiques ne peuvent se faire qu'entre de mauvaises solutions.

D'ultimes travaux d'organisation défensive du terrain sont entrepris à l'hiver 1939-1940, mais si un certain nombre d'ouvrages de petite taille sont progressivement aménagés, les moyens manquent pour en achever la réalisation. En outre, les ordres du commandement supérieur, trop fréquemment modifiés, retardent les délais.

Le 12 mai, Corap a la confirmation, par renseignement aérien, d'une attaque majeure dans le secteur des Ardennes, mais sa demande de renforcements urgents n'est pas suivie par le général Billotte. Lorsque le lendemain l'infanterie ennemie aborde la Meuse en plusieurs points, les divisions de série B ne parviennent pas à contre-attaquer. Dans le secteur de Houx, en particulier, les déficits en moyens de communication et le manque de pugnacité des fantassins font échouer les trop maigres tentatives de contre-offensive. De Dinant à Monthermé et Givet, la situation est particulièrement tendue dans la nuit du 13 au 14 mai et les délais d'acheminement exigent de pouvoir tenir jusqu'à l'arrivée des renforts tardivement consentis par le GQG le 14... En dépit de sa détermination et de son activité personnelle, Corap ne peut pallier toutes les insuffisances, matérielles et morales. Les ordres sont sans effet : « J'interdis tout repli, à commencer par le vôtre ! » dit-il au général commandant la 18e DI. Il lui faut reconnaître que la situation est très compromise : « Les troupes sont très impressionnées par les attaques incessantes et à basse altitude d'une aviation ennemie très nombreuse et très tenace, écrit-il dans son rapport final. Les bombardements ennemis causent des pertes et des dégâts sensibles dans nos colonnes, nos ravitaillements sur les chemins, les gares, et surtout font fléchir de façon grave le moral de nos troupes. Ils sont en grande partie responsables des défaillances qui se produisent un peu partout sous différentes formes et portent en particulier certaines unités à se replier en désordre. »

En dépit des menaces de sanction, il ne peut rien contre les « défaillances » d'une partie de l'encadrement et du commandement intermédiaire.

Le 13 mai, la 7e *PzD* de Rommel commence à franchir la Meuse dans le secteur de Dinant ; le 14, à Sedan, Guderian franchit le fleuve avec les 1re, 2e et 10e *PzD* ; le 15, la 6e *PzD* de Reinhardt vient à bout de la résistance des coloniaux à Monthermé. En dépit de combats acharnés en certains points, les blindés allemands peuvent foncer vers l'ouest. La prise de commandement par le général Giraud, qui remplace Corap, ne change rien à une situation particulièrement difficile. Tandis que ses derniers éléments organisés tentent de se rétablir dans la région de Cambrai, la liaison ne peut pas être rétablie avec l'armée voisine. Son propre chef étant fait prisonnier, la 9e armée ne peut plus être considérée comme une grande unité opérationnelle après le 18 mai.

Au cours des semaines qui précèdent, les avertissements n'ont pas été suivis d'effet. Le 13 avril, sur la base d'un renseignement d'un agent infiltré au sein du SR allemand, le colonel Rivet et le capitaine Paillole, reçus par le général Georges, étudient « avec le chef de son bureau "opérations" l'hypothèse d'une offensive allemande à travers les Ardennes[2] ». Le lendemain, Georges écrit à Gamelin pour lui demander de cesser les prélèvements d'unités, d'accélérer la création de divisions nouvelles et de lui rendre la 7e armée prévue pour

2. Paul Paillole, *Services spéciaux (1935-1945)*, *op. cit.*, p. 185-186.

l'offensive Breda. Aucune mesure concrète n'est prise. Autre exemple : le 11 mai, le renseignement de l'armée de l'air prévient que « l'ennemi semble préparer une action énergique en direction de Givet ». L'information est considérée comme une manœuvre de diversion. Le 14, Gamelin croit toujours à un engagement local. Ce n'est que le lendemain soir qu'il prend la mesure de l'offensive allemande.

L'action (ou plutôt l'inaction relative) de l'armée de l'air avant le 13 mai est tout à fait étonnante. Alors que des colonnes de véhicules allemands, rendus vulnérables par les embouteillages, traversent le massif ardennais, aucun ordre d'attaque n'est donné. « Le 13 au matin, de très bonne heure, je reporte sur la carte du bureau du général Doumenc les renseignements de la nuit, rapportera le général Beaufre. Les renseignements d'aviation sont des plus clairs : il est évident que l'effort allemand ne se fait pas en Belgique, mais sur l'axe Luxembourg-Mézières. Je marque cet axe par une grosse flèche au fusain et tout le monde vient la voir[3]. »

La question de la jonction entre les 9e et 2e armées n'est sérieusement prise en compte ni par l'une ni par l'autre. La première n'y consacre qu'une faible division de série B, la 53e DI, tandis que la seconde se contente de disposer sur plusieurs dizaines de kilomètres un mince rideau d'infanterie, prati-

3. Général Beaufre, *Le Drame de 1940, op. cit.*, p. 231.

quement sans appuis. À l'issue d'une inspection dans le secteur en avril, quelques semaines avant l'offensive allemande, le général Georges maniait la litote en évoquant « le démarrage très avancé des travaux de la 2e armée », dont les « casemates sont en bonne voie de construction ». En clair, après huit mois de « drôle de guerre », l'aménagement du terrain n'est pas achevé. Des difficultés objectives comme les rigueurs de la météo ou le manque de matériaux l'expliquent en partie, mais les atermoiements du commandement et les changements fréquents de directives y contribuent pour une large part. Il faut ajouter à ce tableau l'implosion au moment de l'attaque allemande des 55e et 71e divisions d'infanterie en charge de la défense du secteur de Sedan. Mais la première des deux, une division de série B, ne possède qu'un quart des canons antichars de 25 mm prévus par ses dotations théoriques...

La faillite du commandement peut avoir été confortée par les responsables du renseignement français, trop conformistes dans leurs synthèses qui épousent la doctrine officielle. Olivier Forcade souligne qu'il « faut attendre le 14 mai pour que l'offensive sur Sedan fasse l'objet du premier point de la situation générale du bulletin de renseignement[4] ». Il faut en effet du courage intellectuel et

4. Olivier Forcade, « Le renseignement face à l'Allemagne au printemps 1940 et au début de la campagne de France »,

de la force morale pour expliquer au commandement interarmes que les informations rassemblées tendent à accréditer une thèse différente, voire opposée, à la sienne. Comme de manière presque systématique au début d'un conflit, le danger est d'attribuer à l'ennemi ses propres modes de pensée, ses méthodes de réflexion, ses choix doctrinaux.

Le 13 mai, massivement appuyés par la Luftwaffe, les soldats allemands franchissent la Meuse dans les secteurs de Sedan, Dinant et Monthermé, où le 41ᵉ CA motorisé du général Reinhardt est ralenti le 14 par les feux de l'artillerie. Désignée par la 2ᵉ armée pour contre-attaquer dans le secteur de Sedan, la 3ᵉ DCr ne peut y prendre part en totalité puisqu'une partie de ses unités n'ont pu effectuer le plein en carburant. Il en résulte pendant trois jours une succession d'actions locales, sans continuité, pour l'essentiel à l'échelle d'une brigade, d'un bataillon, voire d'une compagnie de chars plus ou moins renforcée. La résistance peut être localement acharnée, mais elle est décousue. Les moyens de communication et le combat interarmes – articulation entre l'infanterie, les chars et l'artillerie – font largement défaut.

Le courage individuel des hommes n'est pas en cause. À quelques kilomètres de Sedan, les éléments de tête de la 7ᵉ *PzD* de Rommel sont

dans Christine Levisse-Touzé (dir.), *La Campagne de 1940*, Paris, Tallandier, 2001, p. 126-153.

d'abord bloqués sur la rive est de la Meuse, atteinte le 12 mai après-midi. Le lendemain, le général allemand doit venir en personne dans le village de Leffe pour ranimer l'ardeur offensive de ses hommes : « Les officiers semblaient démoralisés par les pertes que leurs hommes avaient éprouvées. [...] Les officiers dirent que personne n'osait sortir du couvert, le tir ennemi s'abattant immédiatement sur celui qui se montrait. [...] Je pris alors personnellement le commandement du 2e bataillon du 7e fusiliers et dirigeai les opérations pendant quelque temps[5]. »

Ce serait donc à l'esprit d'initiative et à la rapidité de prise de décision du commandant de la division qu'il faudrait attribuer le succès allemand, situation que l'on retrouve rarement du côté français, où la bataille préparée et l'alignement du front constituent de véritables dogmes.

Tandis que les uns poussent avec détermination vers l'ouest (« Roulez jusqu'à la dernière goutte d'essence ! », aurait ordonné le général allemand Guderian), les autres ne cherchent, le plus souvent, qu'à reconstituer en arrière un front continu. L'exemple de la 14e division d'infanterie du général de Lattre de Tassigny, qui repousse à trois reprises les Allemands dans le secteur de Rethel, reste unique dans ce secteur.

5. Maréchal Rommel, *La Guerre sans haine. Carnets*, *op. cit.*, p. 38.

Dans la nuit du 13 au 14 mai, le général Georges demande à Doumenc de le rejoindre pour analyser la situation. « Quand nous arrivons, vers 3 heures du matin peut-être, tout est éteint, sauf cette pièce qui n'est qu'à moitié éclairée… racontera le futur général Beaufre. L'atmosphère est celle d'une famille où l'on veille un mort. Georges se lève vivement et vient au-devant de Doumenc. Il est terriblement pâle : "Notre front est enfoncé à Sedan ! Il y a eu des défaillances…" Il tombe dans un fauteuil et un sanglot l'étouffe. […] Doumenc, surpris par cet accueil, réagit immédiatement : "Mon général, c'est la guerre, et à la guerre il y a toujours de tels incidents !" Alors Georges, toujours aussi pâle, explique : les deux médiocres divisions auraient lâché pied à la suite d'un terrible bombardement aérien. Le 10e corps signale que la position est traversée et que les chars allemands sont arrivés à Bulson vers minuit. Et il a un nouveau sanglot. Tous les autres témoins restent silencieux, accablés par l'événement[6]. »

Dès les premiers jours de l'offensive allemande, les PC de division, voire de corps d'armée, doivent parfois se déplacer à plusieurs reprises dans la même journée, ce qui interdit tout travail d'état-major cohérent et nuit considérablement à la pertinence des ordres donnés[7]. Les engagements

6. Général Beaufre, *Le Drame de 1940, op. cit.*, p. 232.

7. Dans la conception française du combat, le travail d'état-major demande un minimum de temps et une rela-

sont donc largement locaux, sans cohérence d'ensemble. Parmi bien d'autres, après avoir repris de vive force, aux premières heures du 14 mai, le village de Haut-le-Wastia, le 2e bataillon du 14e régiment de dragons portés et le 1er groupement de reconnaissance divisionnaire reçoivent l'ordre de se replier sur une nouvelle ligne de défense en arrière. De « rétablissements » en « décrochages » et de « réalignements » en « reports vers l'arrière » successifs, les unités progressivement affaiblies et disloquées, manquant de liaisons et mal ravitaillées, s'efforcent de respecter l'esprit des ordres reçus, mais ne constituent plus un ensemble de manœuvre cohérent. Le 15 mai, en dépit de quelques résistances locales, les unités de l'aile droite de la 9e armée et celle de l'aile gauche de la 2e armée commencent à se replier dans des directions opposées, laissant se créer entre elles un espace libre de troupes. Le front français est rompu en trois points et les divisions allemandes peuvent se lancer vers la basse Somme.

Qu'il s'agisse de chefs hésitants ou d'états-majors mal renseignés, tout concourt à entretenir le sentiment d'un « grave fléchissement », dont les correspondances privées comme les rapports officiels se font l'écho. Le général Corap ne saurait être considéré comme le seul responsable de cette

tive stabilité afin de préparer les ordres et de faire acheminer les moyens.

succession d'échecs et c'est avec la plus entière mauvaise foi que Paul Reynaud le vouera aux gémonies devant le Sénat le 21 mai, en parlant de « fautes incroyables ».

Il n'y eut finalement de « surprise » à Sedan que pour ceux qui se laissèrent surprendre.

19

L'armée française disposait-elle de réserves ?

> « "Où sont vos réserves stratégiques ? Où est la masse de manœuvre ?" insiste Churchill. [...] "Il n'y en a aucune", répond Gamelin, imperturbable. »
>
> Maurice Druon, *Mémoires*

Dans ses *Mémoires,* Maurice Druon donne une version littéraire du dialogue entre Churchill et le commandant en chef français, le 16 mai 1940.

« Dans son français rocailleux, il demande à Gamelin :

« "Où et quand allez-vous attaquer les flancs de cette *bulge*... poche ?"

« Le généralissime soulève les épaules, comme si la question était vaine et presque inconvenante.

« "Où sont vos réserves stratégiques ? Où est la masse de manœuvre ?" insiste Churchill.

« Les assistants lèvent la tête, un peu surpris par l'emploi chez leur visiteur de termes techniques exacts, qui supposent, dans les deux langues, une bonne connaissance de l'art militaire.

« "Il n'y en a aucune", répond Gamelin, imperturbable.

« Alors Churchill reste sans voix et semble s'abîmer dans la contemplation des feux du jardin. Par politesse, il s'impose de ne rien dire. L'histoire des batailles offre peu d'exemples d'une pareille impéritie[1]. »

Le déploiement des grandes unités françaises au printemps 1940 ne cesse de surprendre. Contrairement aux principes les plus élémentaires, aucune réserve suffisante n'est prévue pour réagir dans l'hypothèse où les engagements initiaux tourneraient à l'avantage de l'ennemi. Depuis l'affectation de la 7e armée au groupe d'armées du Nord, il n'y a plus de grande unité immédiatement disponible. Il existe bien quelques réserves du haut commandement, mais elles ne cessent de changer, au gré des besoins du moment. Elles sont basées beaucoup trop loin en arrière, où elles mettent sur pied de nouvelles formations, quand elles ne colmatent pas dans l'urgence telle ou telle brèche avec des éléments épars.

De la mer du Nord à la frontière suisse s'échelonnent les groupes d'armées n° 1 (GA 1) du général Billotte, n° 2 du général Prételat et n° 3

1. Maurice Druon, *Mémoires*, Paris, Plon, 2019, 683 pages, p. 444-445.

du général Besson, mais au sein de chacun de ces grands ensembles comme entre eux les déplacements d'unités sont permanents.

En avril 1940, Georges tente de reconstituer une armée de réserve en prélevant des divisions sur la ligne Maginot, « malheureusement ce programme très opportun se heurte de front aux fortes résistances des généraux Prételat, Condé et Bourret, qui font tout leur possible pour retarder le départ de leurs divisions[2] ». Enfin, pour permettre la mise en œuvre de l'option Breda en direction de la Hollande, Gamelin a fait affecter de nouvelles unités motorisées au GA 1, contribuant à diminuer d'autant le déjà maigre volume des réserves disponibles.

Au début de l'attaque allemande, les divisions cuirassées sont rassemblées dans les camps de Champagne. Bien que de formation récente, elles constituent un ensemble de plus de cinq cents chars. Plutôt que d'ordonner leur engagement toutes forces réunies contre la tête de pont allemande dans le secteur de Sedan, elles sont réparties le 13 mai entre les différentes armées, sur l'ensemble du théâtre des opérations. La 1re DCr est dirigée vers la Belgique où elle est globalement inemployée en tant qu'unité constituée. La 2e est

2. Max Schiavon, *Le Général Alphonse Georges. Un destin inachevé*, Parçay-sur-Vienne, Éditions Anovi, 2009, 613 pages, p. 388.

envoyée à la 9e armée, mais rencontre les blindés allemands en plein débarquement des trains qui la transportent. La 3e est affectée à la 2e armée et perd une journée avant de contre-attaquer. Seule la 4e, qui achève sa montée en puissance, pourra intervenir dans le secteur de Montcornet, sans qu'un succès local change la physionomie d'ensemble des opérations.

Il existe surtout quelques réserves en Afrique du Nord, qui relèvent directement du GQG[3]. En Algérie, l'organisation territoriale du 19e CA est calquée sur celle de l'administration civile avec ses trois divisions (départements) d'Oran, d'Alger et de Constantine, auxquelles s'ajoutent les territoires du Sud. Dans le protectorat de Tunisie, deux divisions stationnent à Tunis et à Sousse ; tandis qu'au Maroc, où la conscription n'est pas appliquée, trois divisions (Fez, Marrakech, Meknès) rassemblent une vingtaine de régiments et une dizaine de bataillons. À la mobilisation, cet ensemble de forces est placé sous l'autorité du général Noguès, commandant en chef du théâtre d'opérations de l'Afrique du Nord, qui installe son poste de commandement dans un lycée d'Alger.

Dès le 14 avril, le général Georges a demandé que ces divisions soient transférées en métropole.

---

3. En temps de paix, les forces de l'Afrique du Nord et du Levant relèvent du ministère de la Guerre, celles des autres territoires de l'Empire du ministère des Colonies.

Mais Gamelin, qui « veut parer aussi longtemps que possible à un danger d'attaque italienne sur l'AFN [Afrique du Nord] », selon le général Doumenc, retarde jusqu'au 18 mai au moins l'ordre d'embarquement. La décision n'étant que trop tardivement prise, ces troupes ne pourront rejoindre le front que pour combattre sur la Seine et sur l'Oise, avant de participer au repli général en direction de la Loire et du Massif central.

Des brigades et divisions sont également constituées avec des exilés polonais (de l'ordre de 50 000 hommes) et tchèques (près de 12 000 hommes), réfugiés en France depuis la disparition de leur pays. Elles sont intégrées à l'organigramme et aux opérations des armées françaises. La 1re division d'infanterie (DI) polonaise est stationnée sur la ligne Maginot et connaît le sort de ses homologues françaises à partir de la mi-juin, la 2e DI participe à la défense de Belfort et du Doubs, la brigade de cavalerie blindée combat en Champagne et en Côte-d'Or. Les Tchèques (1re DI) sont engagés en juin entre la région de Troyes et l'Est parisien avant de se replier, *via* la Loire, vers la Creuse et la Vienne. La formation d'unités composées de réfugiés belges est envisagée dès la fin du mois de mai, mais il est déjà trop tard.

Dès les premières défaites, des unités sont reconstituées. Le 18 mai, soit une semaine après le début de l'offensive allemande, Doumenc signe une note générale prévoyant le regroupement des officiers, sous-officiers et soldats dans les régions de l'intérieur. « Les unités utilisables immédiatement seront gardées sur place. Les isolés seront rassemblés dans les zones de Méru, Villers-Cotterêts, Romilly-sur-Seine », avant d'être dirigés vers les camps du centre de la France et du Sud-Ouest, entre le Larzac et Souge. L'objectif est clairement de pouvoir rapidement injecter dans la bataille en cours des formations reconstituées et rééquipées. Le moral de ces soldats bousculés sur la Meuse est toutefois très variable, une majorité « apathiques et ternes » et un petit nombre « très gonflés ». Selon le contrôle postal, « le tonus est médiocre et les lettres ne révèlent aucun esprit combatif[4] ».

Au fil des semaines naissent des formations « de circonstance », comme le groupement Dubuisson, chargé à partir du 13 juin de maintenir le contact entre les 2e et 3e armées pendant leur repli de la ligne Maginot ; ou le groupement Duffour, né le 25 mai du secteur défensif de la basse Seine. Les réorganisations et les déplacements d'unités se succèdent ainsi entre les derniers jours de mai et la première semaine de juin, en particulier pour étoffer la ligne de défense en cours de constitution sur la Somme et sur l'Aisne. Mais ces efforts de dernière minute ne permettront pas de compenser l'absence de réserves en amont.

4. SHD-Terre, 29N70.

20

Des succès éphémères pouvaient-ils faire une victoire ?

« Très remarquable travail de l'artillerie [française], dont les tirs instantanés et précis sur les concentrations observées désorganisent les offensives blindées. »

Général Delmas

Le 11 mai 1940, en fin de journée, le contact est pris entre Français et Allemands dans le secteur de Hannut (Belgique), et le 12 et le 13, avec ses bataillons de dragons portés et ses cuirassiers en première ligne, la 3e DLM (division légère mécanique) tente de bloquer la progression des 3e et 4e *PzD*. Se déroule alors l'une des toutes premières grandes batailles de chars entre les Panzer III allemands et les Somua S-35 français. Le blindé français surclasse son adversaire au combat, mais les unités sont gravement pénalisées par le manque de matériel radio et la sous-motorisation des engins. En revanche, l'aviation française, totalement surclassée, n'est pas en mesure de contester à la Luftwaffe la supériorité aérienne. Après deux jours de combats, il faut se replier pour éviter l'encerclement. Les Français ont perdu cent cinq engins blindés Hotchkiss et Somua, tandis que les Allemands constatent que cent soixante-quatre chars manquent à l'appel, essentiellement des Panzer I et II, et qu'une DLM française a tenu tête à deux *Panzerdivisionen*. Appuyant au plus près les unités en défensive, l'artillerie française a joué un rôle essentiel.

Les batailles de Gembloux (Belgique) et de Stonne (région de Sedan) répondent globalement aux mêmes caractéristiques. Dans le secteur de Gembloux, en dépit des efforts consentis, la situation des Français est délicate dès les premières heures. Les mesures défensives n'ont pas toujours été prises en amont par les autorités belges et les relations avec les formations et le commandement de contact d'outre-Quiévrain sont aléatoires. Le 14 et le 15 mai, les unités allemandes sont stoppées pendant deux jours sur la ligne de résistance tenue devant la commune par le corps de cavalerie et la 1re division marocaine. Jusqu'à l'ordre de repli. À Stonne, le village change de mains plus de quinze fois entre Français et Allemands du 15 au 17 mai, mais malgré cette opiniâtreté des soldats français, la rupture du front est effective. Le capitaine Pierre Billotte se distingue tout particulièrement. Commandant la 1re compagnie du 41e bataillon de chars de combat, il parvient à détruire en quelques minutes, avec son char lourd B1 bis, une colonne de deux Panzer IV et de onze Panzer III, puis deux pièces antichars allemandes. Ces combats acharnés contredisent une nouvelle fois le mythe de l'invincibilité des blindés allemands.

Durant ces batailles, l'artillerie française tire sans discontinuer avec une grande efficacité, en dépit des assauts de l'aviation allemande, comme en témoigne Roger Vallières, du 105e régiment d'artillerie lourde hippomobile : « Après vingt-quatre heures de bombardement, le matin [du 15 mai] le 105e tirait à huit kilomètres et le soir à cinq cents mètres. Devant l'arrivée des Allemands, notre régiment bat en retraite à Waterloo et est mis en batterie devant la ligne électrifiée antichar. Tout est déplacé le même jour et mis en batterie plus à l'est[1]. »

Le général Delmas souligne la qualité de cette coordination interarmes, évoquant le « très remarquable travail de l'artillerie, dont les tirs instantanés et précis sur les concentrations observées désorganisent les offensives blindées[2] ». François Cailleteau et Alain Pellan tirent les conclusions du

1. Cité par Clément Horvath, *Till Victory. Lettres de soldats alliés*, Rennes, Ouest-France, 2018, 374 pages, p. 21.

2. Analyse de ces combats dans colonel Jean Delmas, colonel Paul Devautour et Éric Lefèvre, *Mai-juin 1940. Les combattants de l'honneur*, Paris, Copernic, 1980, 232 pages, p. 35-51.

combat : « Les pertes allemandes à Stonne représentent presque 2 % des pertes de la campagne. Elles furent infligées par les éléments de deux divisions, la 3e DCr (division cuirassée) et la 3e DIM (division d'infanterie motorisée), c'est-à-dire des unités parmi les mieux équipées, les mieux encadrées, et composées des soldats les plus jeunes et les mieux formés[3]. »

Les régiments engagés ont rempli leur mission : ralentir la progression de la Wehrmacht. Mais ils doivent se résoudre à un repli en bon ordre, par bonds successifs, pour ne pas prendre le risque d'être isolés en avant du dispositif allié. Ces victoires purement défensives ne pouvaient rien changer à l'évolution générale de la campagne. Ces succès éphémères, témoins du courage de l'armée française au printemps 1940, sont donc restés sans suite.

---

3. François Cailleteau et Alain Pellan, *Les Officiers français dans l'entre-deux-guerres. Une génération dans la tourmente*, Paris, Economica, 2012, 150 pages, p. 36.

21

Les Britanniques ont-ils abandonné les Français à Dunkerque ?

« Gort [chef du corps expéditionnaire franco-britannique] vit clairement qu'il lui fallait, pour le moins, ramener les hommes [...] en Angleterre avec leurs armes individuelles. [...] Il a sauvé ceux qui étaient en mesure de combattre un jour de nouveau. »

Maréchal Montgomery, *Mémoires*

Les Britanniques ont-ils sciemment sacrifié les Français dans la poche de Dunkerque ? La légende a beau être tenace, la réponse est « non ». S'ils commencent effectivement à se replier le 21 mai 1940, les soldats d'outre-Manche se battent avec vaillance jusqu'au 2 juin. Leur objectif : préserver l'outil militaire indispensable à la poursuite de la guerre. Alors, d'où vient cette fable ? Sans doute du rafraîchissement des relations entre les deux alliés dès les premiers combats dans le nord de la France et en Belgique. Manque de confiance mutuelle, égoïsmes nationaux, absence d'opérations communes d'ampleur : rien ne concourt à l'efficacité. Faute de directives précises, le général britannique John Gort commandant le corps expéditionnaire agit au mieux de ce qu'il pense être les intérêts du Royaume-Uni.

Après le décès du général Billotte, commandant le GA 1, dans un accident de voiture le 23 mai 1940 à Ypres, la situation est aggravée par l'inertie de son successeur. Le général Blanchard attend quarante-huit heures la confirmation officielle de sa prise de commandement avant d'agir en commandant du groupe d'armées. Les quelques liens personnels entre Gort et Billotte n'existent plus. La contre-offensive conjointe (un corps d'armée français et deux divisions anglaises) prévue le 21 mai pour rompre l'encerclement dans la région d'Arras est finalement menée par les Britanniques seuls. Très vite, ceux-ci sont contraints de battre en retraite, après avoir perdu les trois quarts de leurs blindés. De leur côté, les Français attaquent le lendemain, seuls également, et pour être battus à leur tour.

L'armée néerlandaise ayant été mise hors jeu en quatre jours et l'armée belge en dix-huit, moins de trois semaines après le début des opérations actives, Français et Britanniques sont seuls face aux Allemands. Londres commence à s'inquiéter pour le devenir de sa petite armée professionnelle : « C'est un reflux général de l'armée belge vers l'ouest qui menace dangereusement la gauche britannique, note le commandant Paterne le 25 mai. Le commandement anglais n'hésite pas, dans ces conditions, à reprendre les deux divisions mises à la disposition du général Altmayer pour sa manœuvre ; mieux encore, il réclame du renfort aux Français. La contre-attaque de l'armée, envisagée pour ce soir, n'est plus exécutable[1]. » Malgré tout, la bataille de Lille, du 25 au 31 mai, au cours de laquelle se distinguent le jeune général Juin et le capitaine de Hauteclocque, retient loin de la côte plusieurs dizaines de milliers de soldats allemands, facilitant les premiers jours de l'opération *Dynamo*, l'évacuation des troupes de Dunkerque vers l'Angleterre.

Tel est le contexte de l'« affaire de Dunkerque », qui débute le 20 mai au soir, lorsque dévalent en baie de Somme les premiers panzers, prélude à l'encerclement complet des Alliés. Celle-ci se déroule en trois actes. Acte I, Français et Britanniques s'accordent, au moins officiellement, sur le principe d'une percée vers le sud. Acte II, les Français privilégient la constitution d'une large tête de pont pour tenir dans la durée les ports de la Manche. Acte III, l'évacuation, à laquelle la Navy s'est préparée, est lancée.

---

1. Cité par le général Montjean, *L'Étrange capture, mai 1940. Carnets inédits d'un officier d'état-major de la Ire armée*, *op. cit.*, p. 217-218.

Le 20 mai, donc, le général Weygand ordonne par téléphone au général Billotte d'« attaquer » et de « se battre comme des chiens » pour « venir à bout des panzers qui doivent être à bout de souffle ». « Il ne faut pas se borner à s'installer sur des coupures et à rester sur la défensive, ce serait faire leur jeu, ajoute-t-il. On sera toujours débordé et en retard. Attaquez en direction du sud ! » Le nouveau commandant en chef reprend ici la consigne donnée au GA 1 par Gamelin dans son *Instruction personnelle et secrète* (IPS) n° 12 de la veille. « Le tout est question d'heures », insistait son prédécesseur. Les Français parviennent à convaincre les Britanniques de la nécessité d'organiser cette double contre-offensive en cisaille, du GA 1 en direction du sud et des troupes françaises en cours de rassemblement sur la Somme vers le nord, pour couper l'aile marchante allemande de ses arrières. À cette date, les armées alliées du Nord constituent encore un ensemble puissant réunissant quarante-six divisions, dont vingt belges, dix-huit françaises et huit britanniques. Lord Gort se rallie au projet français sur ordre de son gouvernement. À l'issue d'une réunion à Lens entre les généraux français et anglais, la décision est prise de tenter la percée vers le sud dès le lendemain, les premiers attaquant dans le secteur de Cambrai, les seconds dans celui d'Arras. Chacune de ces opérations doit être conduite par deux divisions renforcées de chars, mais les moyens réunis ne sont pas à la hauteur et le commandement français est démoralisé. Dans ses Mémoires, le général Ironside, chef d'état-major impérial, décrit des généraux Billotte et Blanchard, épuisés et amorphes, « prêts pour l'abattoir ». « Des chefs vaincus avant d'avoir subi des pertes… » Comment, dans cette atmosphère sinistre, pourrait-on préparer et conduire une opération commune entre des Belges dont le territoire est inexorablement occupé, des Britanniques désireux de sauver leur petite armée professionnelle et des Français à bout ?

Certes, le 21, les Anglais lancent une offensive vers Arras. Leur brigade – au lieu de deux divisions prévues – met en difficulté une division SS, au point d'inquiéter Rommel. Mais ce succès local est éphémère ; en fin de journée, ils doivent se replier. Les Français ? Ils sont tout simplement absents, faute de moyens disponibles, à l'exception de quelques unités du 5e CA dans le secteur de Cambrai. Au bilan, c'est un échec. La percée décisive vers le sud n'a pas lieu.

Le 22 mai, les Britanniques débarquent des troupes fraîches à Boulogne et à Calais, mais pour préparer l'évacuation de ces deux ports, qui sera effective les jours suivants. Cette décision, prise sans concertation avec les autorités françaises, accroît un peu plus la méfiance entre les deux alliés. Le général Gort ordonne le repli de ses unités les plus en pointe au sud de la poche, laquelle correspond encore le 24 mai à un large triangle reliant *grosso modo* le nord de Bruges à la région de Douai et à Gravelines, sur le littoral. Ce mouvement britannique est considéré comme une quasi-trahison par les Français, car il élargit sensiblement la zone tenue par l'ennemi, séparant un peu plus le GA 1 du reste de l'armée.

C'est à ce moment qu'Hitler donne l'ordre d'arrêt (« *Halt Befehl* ») immobilisant pendant trois jours les divisions allemandes, dont les éléments les plus avancés ne sont plus qu'à une vingtaine de kilomètres de Dunkerque. Ce répit inespéré, sur lequel on continue de gloser, permet aux Alliés de replier vers la cité portuaire de nombreuses unités, de les réorganiser pour la défense de la poche et de rassembler dans l'urgence une flottille aussi nombreuse que disparate pour mener l'évacuation, malgré l'action de la Luftwaffe.

Dans la nuit du 25 au 26 mai, alors que les Français s'en tiennent à la constitution d'une vaste tête de pont ravitaillée par la mer, Anthony Eden, ministre de la Guerre de Churchill, confirme à lord Gort la mission d'assurer l'évacuation du corps expéditionnaire britannique sans en informer immédiatement les Français. Reynaud est mis au courant par Churchill dans la journée du 26 lors d'une nouvelle réunion à Londres, mais, étrangement, ce dernier ne prévient pas le commandement militaire. Alors que les Britanniques préparent désormais leur retrait, les Français étudient encore les modalités d'une résistance sur place. Le même jour, le front tenu par l'armée belge est rompu dans la région de Courtrai et le *Halt Befehl* est levé par le haut commandement allemand. Lorsque l'opération *Dynamo* est officiellement lancée à 19 heures, tous les éléments du drame sont en place.

Preuve de l'ignorance dans laquelle sont confinées les autorités françaises, plusieurs missions d'information envoyées à Dunkerque et Douvres découvrent l'engagement effectif de Londres dans l'évacuation. Les premiers navires chargés de soldats ont quitté le port la veille au soir. L'objectif, plutôt pessimiste, est de sauver 50 000 *tommies* de la captivité. Dès lors, face à une menace de plus en plus immédiate, les chefs militaires sur le terrain conjuguent leurs efforts. L'amiral Abrial, commandant français de la place, appuie avec tous ses moyens l'évacuation britannique. À terre, la défense de la tête de pont est divisée en deux zones : les Français au sud, entre Gravelines et Bergues, les Anglais au nord, entre Bergues et Nieuport. Les unités en retraite recueillies sont soit affectées à la défense d'un secteur, soit rassemblées à proximité des points d'embarquement. Le soir du 27, lorsque le roi des Belges annonce qu'il a demandé aux Allemands les conditions d'un arrêt des hostilités, le flanc nord-est de la poche se trouve découvert. Il faut une intervention britannique dans l'urgence pour colmater la brèche. Mais tout espoir de maintenir une tête de pont s'évanouit. Les Français doivent se résoudre à accepter le principe des évacuations.

Le 28 mai, la poche ne représente plus le long de la côte qu'un rectangle d'une vingtaine de kilomètres sur dix. Sur ce front raccourci, le général Fagalde, responsable de la défense terrestre, dispose des unités du secteur fortifié des Flandres et des 32e, 68e divisions d'infanterie, de la 2e DLM et de la 12e DIM. Celles-ci sont grossies d'éléments plus ou moins organisés, et surtout privés d'armements lourds, de deux ou trois autres divisions. Dans le domaine naval, les effectifs évacués sont encore faibles. Mais le système se rode, au fur et à mesure de l'intégration d'un nombre croissant de navires de tous types et tonnages à la noria qui se met en place dans la Manche.

Si la coopération franco-britannique devient une réalité, techniquement imposée, dans le domaine maritime, elle est beaucoup moins présente dans l'emploi des troupes à terre, chacun agissant de façon autonome dans son secteur. Le 29 mai, les Britanniques évacuent plus de 45 000 hommes, tandis que les Français reçoivent enfin le feu vert pour les embarquements. Alors que les premiers suivent une planification aussi rigoureuse que possible, les seconds semblent s'adapter aux contraintes du moment.

Le 30 mai, l'offensive allemande reprend, contre la 3e division britannique de Montgomery, au nord, et contre la 68e DI française du général Beaufrère, au sud. Les lignes de résistance supportent le choc. Elles sont repliées méthodiquement, mais dans le périmètre de plus en plus étroit où s'entassent les soldats, le ravitaillement devient difficile et la discipline approximative. Près de 130 000 Britanniques ont déjà été évacués pour seulement une poignée de Français, quand Londres ordonne que les embarquements se fassent désormais à volumes identiques pour les deux nationalités.

À partir du 31 mai, les troupes sont épuisées, les munitions, l'eau et la nourriture commencent à manquer. Ce sont 60 000 hommes qui sont encore évacués, mais tous les sites sont désormais sous le feu de l'artillerie allemande. Les rotations ne peuvent pratiquement plus se dérouler que de nuit. Le 1er juin, 64 000 soldats parviennent à échapper au piège, en dépit de pertes de plus en plus élevées pour les navires, qui réalisent des exploits. Le 2 juin, les dernières unités britanniques quittent le port. Les Français opposent seuls une résistance acharnée sur une ligne de défense raccourcie sur le canal de Dunkerque, en bordure des faubourgs de la ville. Dans la nuit, 26 000 Français sont évacués, puis 38 000 encore la nuit suivante.

Le 4 juin, à 3 heures du matin, la 68e DI reçoit l'ordre de quitter ses dernières positions pour rejoindre les plages. Quelques centaines d'hommes seulement pourront être embarqués, sous le feu des armes d'infanterie des Allemands. À 9 h 40, les combats cessent. Les survivants sont désormais prisonniers de guerre.

Pour assurer en moins de dix jours le sauvetage de 500 000 hommes, cent quatre-vingts avions de la RAF et deux cent cinquante navires ont été perdus. Grâce à la détermination du commandement terrestre et naval britannique, à une météo favorable, à l'entière coopération des autorités navales françaises et au sacrifice des soldats, les armées alliées du Nord ont pu échapper à une destruction totale. En outre, une victoire morale prometteuse a été remportée. Même le maréchal Montgomery, pourtant sévère envers lord Gort dans ses *Mémoires*[2], reconnaît la pertinence de son action. « C'est parce qu'il voyait très clair dans son espace restreint que nous avons tous quitté Dunkerque. Un homme plus intelligent que lui aurait peut-être agi différemment et cherché à faire converger le corps expéditionnaire vers la Somme en gardant le contact avec les Français. [...] Gort vit clairement qu'il lui fallait, pour le moins, ramener les hommes du corps expéditionnaire en Angleterre avec leurs armes individuelles. [...] Il a sauvé ceux qui étaient en mesure de combattre un jour de nouveau. »

---

2. « J'ai déjà dit que la nomination de Gort au commandement du corps expéditionnaire britannique avait été une erreur. Je n'ai jamais changé d'avis », *Mémoires du maréchal Montgomery*, présentés par Paul Villatoux, Paris, Nouveau Monde éditions, 2016, 709 pages.

Le bilan est lourd. De la Belgique à Dunkerque, les armées alliées ont perdu près de soixante divisions, dont une trentaine de grandes unités françaises. Il en reste moins d'une centaine, plus ou moins désorganisées et incomplètes, face à cent quarante divisions allemandes portées par leurs victoires. La suite de la campagne s'annonce sous de sombres auspices.

22

Les chars ont-ils été mal utilisés ?

> « Aussi verrons-nous nos bataillons indépendants disparaître dans la tourmente sans que l'on sache où ni comment, et nos divisions cuirassées fondre l'une après l'autre comme neige au soleil, sans exercer d'action notable sur le cours de la bataille. »
>
> Colonel Goutard, *1940. La guerre des occasions perdues*

« Allemands et Français disposent chacun d'environ 3 000 chars. Les premiers les répartissent en trois groupements de 1 000 engins, les seconds en 1 000 "paquets" de trois blindés… » La formule est un peu expéditive, mais significative. Si l'armée française ne manque pas d'engins blindés, c'est dans la doctrine d'emploi que les différences entre Berlin et Paris sont flagrantes. Côté français, le péché originel est dans l'intégration prolongée de l'arme blindée au sein de l'infanterie. Cette décision aurait pu se justifier en 1917-1918, lorsque les engins progressaient au rythme d'un homme à pied, mais à cette époque les chars relevaient de l'artillerie… Les progrès techniques de l'entre-deux-guerres, dans le domaine de la motorisation en particulier, justifient amplement la création d'une nouvelle arme, ou un rattachement à la cavalerie, qui doit pour l'instant se contenter d'automitrailleuses. La subordination à l'infanterie se traduit concrètement par un émiettement des cinquante-trois bataillons tout au long des frontières du Nord et du Nord-Est, y compris derrière la ligne Maginot, et par un saupoudrage inefficace. Prenons le cas du 23e BCC. Plusieurs fois partiellement reconstitué, ce bataillon doit être engagé sur l'Aisne le 9 juin 1940, mais ses compagnies sont successivement affectées à différents régiments d'infanterie, or « la plupart d'entre eux considèrent les chars mis à leur disposition comme un moyen supplémentaire dont ils usent à leur guise jusqu'à épuisement total[1] ». Une difficulté similaire existe pour les DCr : « Ces grandes unités sont inconnues des états-majors d'armée qui auront à les employer et qui sont tentés de les considérer comme une réserve de chars[2]. » « C'est

1. Sous-lieutenant de Villeneuve, cité par Stéphane Bonnaud, « Le 23e BCC. II. La contre-attaque du 9 juin », *GBM*, n° 117, juillet-septembre 2016, p. 71.

2. Colonel Dutailly, « Faiblesses et potentialités de l'armée de terre (1939-1940) », art. cit., p. 269-270.

ainsi qu'autour de Stonne, du 15 au 18 mai, la 3e division cuirassée fut dépecée au profit des divisions du 21e corps d'armée[3]. »

Le haut commandement français n'a que partiellement pris en compte la révolution de la motorisation. Il suffit de lire le général Dufieux dans *Le Figaro* du 1er mai 1940 : « Comment imaginer que ces unités blindées pourraient, comme en Pologne, se lancer seules dans le dispositif ennemi et s'y enfoncer sans risquer la destruction à peu près totale ? »

En dépit de l'avance de la France à la fin de la Première Guerre mondiale, y compris dans la réflexion doctrinale, puisque le premier projet de division entièrement motorisée est proposé par Doumenc dès 1928, le pas n'a pas été franchi : à l'été 1939, il n'existe encore aucune division blindée. La 1re division cuirassée est constituée après la déclaration de guerre, les 2e et 3e au début de l'année 1940 (la 3e est officiellement créée le 20 mars sur la base du 41e bataillon de chars B prélevé sur la réserve générale et du 16e bataillon de chasseurs portés, retiré au 1er groupement cuirassé), et la 4e, dont le commandement sera confié au colonel de Gaulle, n'est mise sur pied qu'en mai 1940 à partir d'éléments épars retirés

3. André Corvisier (dir.), et Guy Pedroncini, *Histoire militaire de la France*, t. 3, *De 1871 à 1940*, Paris, PUF, 1992, 528 pages, p. 397.

des réserves générales. Quant à la 3e DCr, son commandant, le général Brocard, estime le 8 mai – à deux jours de l'offensive allemande – qu'elle n'est pas prête. Elle ne pourra donc pas « jouer un rôle valable avant le milieu de l'année prochaine », précise-t-il. Ces propos sont confirmés par le commandant Malaguti, qui fait remarquer qu'« on ne décide pas la création d'une division cuirassée le 6 avril pour l'engager le 12 mai[4] ».

De Gaulle raconte dans ses *Mémoires* les circonstances chaotiques de la mise sur pied de sa division, tout en rendant hommage à la qualité du travail d'organisation de l'état-major. « Les bureaux font ensuite diligence pour diriger vers Laon, à mesure que ce sera possible, les éléments qui me sont destinés. Je constate que l'état-major, submergé par les innombrables problèmes de mouvements et de transports que posent partout la surprise et le bouleversement subis dans ces terribles jours, s'acquitte au mieux de sa tâche. Mais on sent que l'espoir s'en va et que le ressort est cassé[5]. » Si leur puissance de feu est réelle, ce sont néanmoins de petites divisions qui totalisent moins de 7 000 combattants et environ 1 400 véhicules, dont 160 chars (contre plus de 11 000 hommes,

4. Cité par Stéphane Bonnaud, « Le 41e BCC, la veillée d'armes », art. cit., p. 65 et 68.

5. Charles de Gaulle, *Mémoires de guerre*, t. 1, *L'Appel, 1940-1942*, *op. cit.*, p. 30.

2 400 véhicules et plus de 280 chars pour une *PzD*). En dépit de toutes ces difficultés, les soldats vont faire leur devoir jusqu'au bout.

Les changements de subordination, les mouvements incessants d'un secteur à l'autre du front et le fonctionnement aléatoire des convois ferroviaires contribuent à disloquer les DCr, progressivement amoindries par les engagements successifs. Un exemple significatif en est donné dès l'offensive allemande sur la Meuse. La 1re DCr, dont l'engagement devait se faire au profit de la 1re armée, est finalement orientée vers la 9e armée le 14 mai au matin, mais elle n'est en situation de commencer à contre-attaquer que le lendemain à midi, alors que l'armée Corap est déjà en retraite. Pour sa part, la 2e DCr, désorganisée dans les transports, ballottée entre des secteurs différents, compagnie par compagnie, voire section par section, connaît au cours de la première semaine de campagne des combats désordonnés. Lorsque, dans la nuit du 15 au 16 mai, parvient à son chef l'ordre de mettre sa division à la disposition du 41e CA, personne ne peut préciser où se trouve ce corps d'armée, ni où sont les unités dans ce qu'il reste de l'état-major de la 2e DCr ! Elle est réorganisée à partir du 20 mai dans la région de Noyon sous le commandement du colonel Perré, à partir de compagnies autonomes hâtivement constituées, dont l'un des officiers note qu'elles ne sont « qu'un amalgame confus d'individus juxtaposés. Faute d'esprit de corps, seules les ressources individuelles, bonnes ou mauvaises, s'expriment. Un certain nombre de recrues sont des ouvriers spécialisés, affectés spéciaux des usines ou d'arsenaux, furieux d'être mobilisés[6] ».

Autour du 31 mai, la 4e DCr de De Gaulle, après deux jours de combats intensifs dans le secteur d'Abbeville, doit être retirée des lignes pour être réorganisée et procéder à l'entretien de ses engins. Pour la remplacer, la 2e DCr de Perré passe officiellement sous le commandement du général Altmayer. Mais il est prévu qu'elle reviendra aux ordres du général Frère « dès que de Gaulle sera reconstitué et capable de reprendre son action sur Abbeville ». Au cours de ces trois à quatre journées, ordres et contrordres se succèdent. Les compagnies des différents bataillons de chars sont trop souvent utilisées par éléments distincts, chaque commandement local voulant pouvoir disposer de ses propres engins, ici pour tenir un pont, là pour dégager une corne de bois. En dépit du courage des équipages, comme pour la 2e compagnie du 9e BCC dans le secteur de Carvin à la fin du mois de mai, les sacrifices isolés ne permettent pas de réaliser une manœuvre d'ensemble.

Le 1er juin, alors que le général Altmayer compte sur la 2e DCr pour poursuivre la contre-attaque

---

6. Cité dans « Les B de la 2e DCr de l'Oise à Abbeville, 21 mai-4 juin 1940 », *GBM*, n° 119, janvier-mars 2017, p. 59.

d'Abbeville, Frère demande à conserver une partie de la division. La réponse du GA 3 est immédiate : « Non. On a déjà trop cassé les DCr en petits morceaux. Il faut les employer en bloc, et justement Georges, sur la demande de Keller et de Delestraint, va le rappeler. »

Mais il trop tard, les mauvaises habitudes sont prises et les unités épuisées. En ce début du mois de juin, « il ne reste plus rien, sauf en perspective la 1re DCr qu'on constitue à Senlis, mais une bonne semaine à attendre ».

Les études de microtactique publiées dans des revues comme *Guerre, blindés et matériels* (*GBM*) soulignent, dans la quasi-totalité des cas, que la responsabilité première des échecs successifs est à attribuer à une conception erronée de l'emploi des unités et au mélange d'hésitation et de pusillanimité d'une grande partie du commandement. Ainsi, après le coût particulièrement élevé des opérations du 28 mai menées par la 4e DCr dans le secteur d'Abbeville, les chars des 46e et 47e BCC encore en état de combattre repartent à l'attaque. Engagés sans répit, les bataillons connaissent des taux de pertes exceptionnellement élevés : au soir du 29, il ne reste plus respectivement que cinq et un engins aptes au combat pour les deux BCC.

Autant que les unités au contact, les compagnies de soutien et de réparation sont soumises à rude épreuve. Par nature moins manœuvrières, elles sont régulièrement menacées d'encerclement du fait de la rapidité de la progression allemande. Le 2 juin, l'aspirant Pierre Depigny note : « Nous n'avons aucune liaison avec le reste de la compagnie et nous vivons "sur nous-mêmes". Nous faisons notre pain, tuons nos volailles. C'est l'unité sociale et travailleuse qui est créée (*dixit* l'un de mes hommes). »

Dans ce domaine de la maintenance et de la réparation des engins, si la volonté et le courage des hommes ne sont généralement pas en cause, une récente étude de François Vauvillier sur « Les pertes en chars : un cas d'école, le 19e BCC[7] » précise que sur quatre-vingt-un chars D2, le bataillon en perd vingt et un, détruits ou disparus au combat, et que les autres, dans leur totalité (soit soixante engins), ont disparu ou ont été reversés ou abandonnés pendant la retraite.

Lorsque les opérations actives reprennent sur l'ensemble du front le 5 juin, la situation des grandes unités blindées est particulièrement critique. La 2e DCr, retirée du secteur d'Abbeville où elle avait contre-attaqué, a besoin de deux jours pour se réorganiser. La 4e n'a pas encore retrouvé la plénitude de ses moyens. La 1re est toujours incomplète à Senlis, obligeant le commandement à la dissocier, en mettant en route dans l'urgence un bataillon en direction de la Somme. La désorganisation vaut cette réflexion désabusée au colo-

7. *GBM*, n° 114, p. 61-66.

nel Goutard : « Aussi verrons-nous nos bataillons indépendants disparaître dans la tourmente sans que l'on sache où ni comment, et nos divisions cuirassées fondre l'une après l'autre comme neige au soleil, sans exercer d'action notable sur le cours de la bataille[8]. »

8. Adolphe Goutard, *1940. La guerre des occasions perdues*, *op. cit.*, p. 84.

23

Weygand pouvait-il mieux faire que Gamelin ?

« Il paraît [...] nécessaire que le gouvernement britannique sache qu'il peut venir un moment à partir duquel la France se trouverait, malgré sa volonté, dans l'impossibilité de continuer une lutte militairement efficace. »

Général Weygand, le 29 mai 1940

Avant même le début des opérations actives, plusieurs ministres et parlementaires influents envisagent de relever Gamelin de son commandement. L'hypothèse est à nouveau évoquée le 12 avril 1940 en cabinet de guerre à l'initiative de Paul Reynaud, président du Conseil et ministre des Affaires étrangères. Le soutien de Daladier, précédent président du Conseil et ministre de la Guerre de ce gouvernement, sauve le généralissime, « les autres ministres [étant] restés muets ». Le 9 mai, toutefois, son départ semble acquis. Paradoxalement, c'est grâce à l'offensive allemande, lancée le lendemain, que Gamelin conserve ses fonctions de commandant en chef.

Pas pour longtemps. Au matin du 17 mai, au Levant, le général Weygand reçoit un télégramme de Reynaud lui ordonnant de rejoindre Paris. Il arrive le 19 en début d'après-midi et, après une rapide visite au président du Conseil, rencontre Gamelin à Vincennes. L'entretien entre les deux hommes est bref et glacial. Celui qui est encore le généralissime pour quelques heures explique rapidement la manœuvre qu'il vient de développer dans l'*Instruction personnelle et secrète* n° 12 : permettre au GA 1 de rompre son encerclement par une contre-offensive dans le secteur Bapaume-Péronne et rétablir une nouvelle ligne de défense sur la Somme et sur l'Aisne, suivant globalement une ligne Amiens-Rethel. « Le tout est une question d'heures », précise-t-il avec lucidité. La manœuvre est habile et l'étirement des colonnes allemandes plaide en sa faveur. Parallèlement, un GA 3 confié au général Besson doit prendre l'offensive en direction du nord/nord-est pour faire sa jonction avec les unités rentrant de Belgique. Gamelin néglige toutefois de remettre à son successeur une synthèse sur la grave situation des armées préparée pour le président du Conseil.

Logique et séduisante, la manœuvre de Gamelin a simplement été « suggérée » à partir du 15 mai, au lieu d'être ordonnée. Plusieurs jours précieux ont ainsi été perdus. Lorsque le général Besson arrive au GQG de La Ferté-sous-Jouarre, le 19 mai à 17 h 30, le haut commandement semble totalement dépassé : « Mines soucieuses et abattues. Atmosphère lourde de chambre de malade. On se parle à voix basse. Le général Weygand arrive peu après (on murmure qu'il va remplacer Gamelin). » Il y apprend sa nomination à la tête d'un nouveau GA rassemblant la 6e armée du général Touchon et la 7e (« en formation ») du général Frère, dont les divisions pourraient être « débarquées et regroupées dans les trois à quatre jours », soit à partir du 23 mai... Sous certains aspects, on assiste à une tentative pour préparer une nouvelle bataille de la Marne de septembre 1914 en créant en pleine bataille de nouvelles armées et en transférant des grandes unités vers le nord-ouest du front.

Le lendemain, le dernier entretien entre Gamelin et Weygand est encore plus bref et Weygand reprend dans ses grandes lignes l'idée de son prédécesseur : une puissante opération en tenaille entre Péronne et Arras pour dégager l'étreinte autour du groupe des armées du Nord et, dans le même temps, mettre en place la nouvelle ligne de résistance sur la Somme et sur l'Aisne.

Le nouveau commandant en chef suscite un réel espoir et sa nomination améliore le moral des armées. Sa personnalité – déjà dans la *Revue de cavalerie*, en 1920, il soulignait l'importance du char pour son arme d'origine, la cavalerie, et il avait encouragé la création de la 1re DLM – y est pour beaucoup, son style de commandement aussi.

Le 21, en prenant de gros risques personnels alors que la Luftwaffe maîtrise le ciel, il se rend auprès des armées alliées du Nord. Il tente de convaincre le roi des Belges d'abandonner une grande partie de son territoire pour économiser des troupes, qui seront employées à la percée vers le sud. Il tente ensuite de s'entretenir avec lord Gort, mais le général commandant la force expéditionnaire britannique n'est pas joignable.

Le 23 mai, Weygand confirme sa future manœuvre. « Il faut que la liaison se fasse entre les manœuvres Frère et Blanchard pour couper la retraite et la ligne de ravitaillement des panzers, que tout le monde soit mis au courant de la manœuvre ; Anglais, Belges, Blanchard, le groupe d'armées Besson et en particulier Altmayer sur la basse Somme. Dans le carré formé à l'ouest par la mer, au sud par la Somme, au sud-est par les actions convergentes Frère et Blanchard, à l'est par les Belges, le gros des *Panzerdivisionen* doit trouver sa mort par inanition. » Il conclut : « L'ennemi s'est lancé dans une situation qu'il faut exploiter sans retard, que tous comprennent la manœuvre et s'y donnent avec initiative, résolution, fermeté inébranlable. »

Du 15 au 23 mai, de Gamelin à Weygand, le même projet de contre-attaque aura été suggéré puis ordonné, sans jamais être mis en œuvre. Dans une ultime tentative pour sauver le GA 1,

Weygand donne l'ordre de réduire les têtes de pont allemandes sur la Somme. La 7e armée engage dans ce but la 2e DCr. L'opération, lancée le 24, obtient quelques résultats, dont la reprise des ponts au sud de Péronne, mais ne parvient pas à réduire totalement les têtes de pont. Le 26 mai au soir, le commandement français décide de livrer bataille sur une ligne d'arrêt marquée par la Somme, l'Oise, l'Aisne et le canal des Ardennes. Weygand prévient le gouvernement que « l'armée française met en jeu pour la défense de ses positions actuelles toutes les forces dont ses revers successifs, sur la Meuse et dans le Nord, lui ont laissé la disposition ». Dans l'hypothèse où cette ligne ne pourrait pas tenir, « la France serait hors d'état de continuer une lutte assurant une défense coordonnée de son territoire ».

Dans ce but, le GA 3 reçoit quatre nouvelles divisions (7e, 7e, 16e et 27e), mais cet effort reste insuffisant. À partir du 28, c'est au tour de la 4e DCr du général de Gaulle, renforcée par le 22e régiment d'infanterie coloniale, de tenter de bloquer l'offensive allemande autour d'Abbeville. Les unités sont relevées le 30 par des Britanniques et la 2e DCr. Les combats se poursuivent jusqu'au 4 juin, succès défensif pendant quelques jours, mais sans réel effet global. Trois grandes unités blindées sont successivement engagées. Le 31 mai, faisant le point avec Weygand, Besson affirme que la densité des troupes sur le front de la Somme est

« trop faible, simple rideau dont la faiblesse congénitale est encore aggravée par le peu de valeur de certaines grandes unités (7e DIC, mauvaise, 5e, 2e et 3e DLC, réduites à des effectifs dérisoires) ». Il lui faudrait « au moins 3 DI » supplémentaires appuyées par « une aviation de bombardement importante, bien couverte par la chasse », pour « tenir le coup ». Or, aussi dynamique et entreprenant que soit Weygand, il « ne peut rien préciser encore sur les disponibilités en grandes unités et leur date d'arrivée ».

Pour s'opposer à la progression des divisions allemandes avec des effectifs moindres, le généralissime renonce à la notion de front continu au profit de l'aménagement dans l'urgence, en fonction du terrain, de sites défensifs voisins. L'ordre d'opérations du 26 mai annonce des missions de sacrifice : « La bataille d'où dépend le sort du pays sera livrée sans esprit de recul, sur la position que nous occupons actuellement. Tous les chefs, du commandant d'armée au chef de section, doivent être animés du désir farouche de se battre sur place jusqu'à la mort. [...] Pour arrêter l'ennemi, il faut faire preuve d'une constante agressivité. Si l'ennemi manifeste des intentions offensives dans un secteur, il faut répondre par des contre-préparations brutales, rapides. [...] Si une unité constate qu'elle n'est plus en liaison sur une de ses ailes parce que l'unité voisine a été ébranlée, elle ne doit à aucun prix se replier ; elle doit chercher à rétablir la situation et, si elle ne le peut, se mettre en hérisson et constituer un môle de résistance[1]. »

Les ordres prescrivent aux unités de s'organiser en points d'appui voisins les uns des autres, structurés autour des armes collectives et de l'artillerie, solidement aménagés pour résister aux attaques des chars (et d'utiliser pour cela en tir antichar direct une partie de l'artillerie divisionnaire), en particulier à partir des villages et des bois qui jalonnent la ligne de front et les axes de la progression allemande. Théoriquement échelonnés dans la profondeur[2], ces points d'appui (« hérissons » : « barricadés de toutes parts et hérissés de feux dans toutes les directions ») doivent contraindre les divisions allemandes à s'engager sur des itinéraires dans les intervalles préalablement minés et plus ou moins impraticables. Pour être efficace, ce dispositif doit être aussi dense et profond que possible. Si les colonnes ennemies parviennent à forcer le passage, chaque point doit résister et poursuivre le combat sans faiblesse, « même dépassé ou encerclé[3] », le commandement s'efforçant de les dégager

1. Ordre général d'opérations du général Weygand, n° 1184/3/FT du 26 mai 1940.

2. À la 7e armée, le général Frère note : « L'échelonnement dans la profondeur sera réalisé autant que le permettront les faibles effectifs dont dispose l'armée. »

3. Général Weygand, *Mémoires*, vol. 3, *Rappelé au service*, Paris, Flammarion, 1950, 596 pages, p. 175.

par des contre-attaques, « dans la mesure où la dotation en moyens cuirassés le permettra ».

C'est donc bien à une forme d'ultime combat que sont appelés les soldats. Le 5 juin, « la bataille de France » à proprement parler commence lorsque le groupe d'armées B relance les opérations entre la Somme et la région de Soissons, après une puissante préparation d'artillerie. La ligne de front longe le cours de l'Aisne, le canal de l'Ailette et la Somme, où les Allemands ont pu se maintenir sur les étroites têtes de pont à partir desquelles (Amiens, Péronne, Abbeville) leurs divisions sont lancées en direction de Creil, Compiègne et Soissons. Le général Frère observe que « les actions des blindés sont préparées et appuyées par des bombardements en piqué extrêmement violents sur les points d'appui, les PC et plus généralement tous les villages ».

L'offensive allemande dessine deux axes d'effort, dans un premier temps sur la Somme (14e, 15e et 16e *PzK*), puis à partir du 9 sur l'Aisne (39e et 41e *PzK*). Les premiers résultats sont encourageants pour les Français. Pendant quarante-huit heures, les Allemands progressent peu, au prix de lourdes pertes. Mais ce dispositif, en l'absence de troupes de manœuvre dans les intervalles, peut rapidement devenir perméable si les assaillants s'infiltrent entre les points d'appui, d'autant que le nombre de divisions disponibles ne lui confère pas dans la profondeur toute la densité souhaitable. La résistance française surprend le commandement allemand. Il faudra deux jours pour que les unités de première ligne, épuisées, cèdent.

C'est ainsi que Rommel, à partir du 7 juin, force le passage. Les centres de résistance isolés tombent les uns après les autres. Le même jour, dans le secteur de Roye, la 10e *PzD*, massivement appuyée par les stukas, déborde les positions de la 4e division d'infanterie coloniale. Les combats sont particulièrement durs à l'ouest de Montdidier, mais le 8 au soir la ligne de résistance française est définitivement rompue sur la Somme. Il ne sera plus possible de reconstituer un front continu.

Pour la seule journée du 7, les blindés allemands progressent parfois de cinquante kilomètres, plus rapidement que les unités françaises transportées pour tenter de colmater les brèches. « Il y avait maintenant deux colonnes progressant sur la route, parfois de front, les chars sur la gauche et le bataillon de reconnaissance sur la droite, explique Rommel. Partout où le sol s'y prêtait, les chars roulaient à côté de la route. La division tout entière s'en allait à la mer à une vitesse moyenne de 40 à 65 kilomètres à l'heure. J'avais déjà, par l'intermédiaire du QG, donné à toutes les unités l'ordre de pousser leur vitesse au maximum[4]. »

4. Maréchal Rommel, *La Guerre sans haine. Carnets*, *op. cit.*, p. 93.

Dans ces conditions, vouloir mettre en place une défense organisée relève de l'illusion. Le commandement français a définitivement perdu l'initiative des opérations. Le schéma est identique au début de la bataille de l'Aisne, le 9 juin. Les divisions d'infanterie allemandes sont engagées les premières pour élargir la tête de pont de la région de Soissons, afin de permettre l'engagement des blindés, qui pousseront rapidement jusqu'à l'Ourcq. Les contre-attaques françaises (3ᵉ DCr et 7ᵉ DLM dans le secteur de Vouziers, par exemple) sont particulièrement meurtrières, mais les Allemands ne sont pas stoppés.

Le 11 juin, l'armée française ne dispose plus que d'une cinquantaine de divisions, pour certaines très affaiblies, alors que l'armée allemande compte près du double de grandes unités. Le même jour, Weygand adresse au général Georges l'*Instruction personnelle et secrète* n° 1444-3/FT préparant le repli général : « Au point où en est arrivée la bataille, il y a lieu de prévoir l'éventualité où, malgré la résistance de nos troupes, le front basse Seine-position de Paris-Marne serait disloqué. » Dans cette hypothèse, il demande de prévoir le regroupement « dans le meilleur état possible de nos grandes unités sur la ligne Caen-Tours-la Loire moyenne-Clamecy-Dijon-Dôle ».

Le 12 juin, avant même que cette directive soit traduite en ordre, les opérations allemandes dessinent deux larges mouvements complémentaires.

Le premier, vers l'ouest, à pour objectif la Normandie, la Bretagne et les ports de la côte atlantique. Le second, vers le sud et le sud-est, vise la reddition des nombreuses divisions françaises encore intactes positionnées en Lorraine.

En dépit de son expérience et de son énergie, Weygand ne pouvait pas renverser une situation aussi compromise. Dès le 29 mai, il a d'ailleurs prévenu Paul Reynaud : « Il paraît [...] nécessaire que le gouvernement britannique sache qu'il peut venir un moment à partir duquel la France se trouverait, malgré sa volonté, dans l'impossibilité de continuer une lutte militairement efficace[5]. » Le 10 juin, la conviction du général en chef est faite : il ne croit plus en la poursuite de la lutte.

5. Cité par Paul Baudouin, *Neuf mois au gouvernement*, Paris, La Table Ronde, 1948, 429 pages, p. 99.

24

L'armée française a-t-elle été invaincue dans les Alpes ?

> « Les Italiens haïssent déjà la France, mais Mussolini se propose de faire monter cette haine, en l'espace de quelques mois, à un degré jamais atteint. »
>
> Galeazzo Ciano, *Journal politique*

Durant la seconde moitié des années 1930, Mussolini entretient en Italie un fort sentiment anti-français. « Toujours plus amer envers la France, le Duce dit que, ces derniers mois, les Français ont donné la mesure de leur perfidie et de leur haine ; il les définit comme "un peuple abject", témoigne son ministre des Affaires étrangères, le comte Ciano. Les Italiens haïssent déjà la France, mais Mussolini se propose de faire monter cette haine, en l'espace de quelques mois, à un degré jamais atteint[1]. » À

---

1. Galeazzo Ciano, *Journal politique*, vol. 1, *Août 1937-septembre 1939*, Paris, Perrin, coll. « Tempus », 2015, 671 pages, p. 497.

l'automne 1938, Rome laisse s'exprimer à nouveau au sein du parti fasciste les revendications sur Djibouti, la Tunisie, la Corse et Nice, et dénonce l'accord franco-italien de 1935 réglant les différends des deux pays sur leurs possessions coloniales.

En dépit de ses rodomontades, le Duce sait pertinemment que l'armée italienne est dans l'incapacité d'entrer en guerre. Ciano donne la priorité au maintien de la paix en Europe et Rome espère que la promesse d'Hitler de ne pas entrer en campagne avant trois ans sera tenue. Mais à l'été 1939, la menace de guerre devenant quotidienne, Mussolini hésite sur la politique à suivre. « Le Duce, qui refusait tout d'abord de séparer sa liberté d'action de celle des Allemands, s'est fait à l'idée aujourd'hui, après avoir examiné les documents que je lui ai remis et après nos conversations, qu'il nous est impossible de marcher aveuglément avec l'Allemagne, témoigne à nouveau son gendre Ciano. Il fait toutefois une réserve : il veut bien préparer le décrochage, mais de manière à ne pas rompre brutalement les relations avec Berlin, car, à son avis, il se pourrait encore que les démocraties encaissent l'invasion de la Pologne, bien que cela semble difficile. Dans ce cas, il ne serait pas sage d'indisposer les Allemands, car nous devons aussi avoir notre part du butin[2]. »

Le 26 août 1939, le ministre des Affaires étrangères italien note encore, à la suite d'une réunion

2. *Ibid.*, p. 635.

avec les principaux responsables militaires : « Nos besoins sont énormes, les stocks étant à peu près nuls. On dresse la liste : elle foudroierait un taureau, s'il pouvait la lire ! Restés seuls, le Duce et moi, nous préparons un message à Hitler ; nous lui expliquons pourquoi nos besoins sont si élevés et terminons en affirmant que, sans ces fournitures, l'Italie ne pourra absolument pas entrer en guerre[3]. »

Sortant d'une difficile campagne en Éthiopie et d'un coûteux engagement dans la guerre d'Espagne, l'armée italienne est largement sous-équipée pour mener une guerre européenne. Par ailleurs, son corps d'état-major manque de formation. Quant à ses renseignements sur l'armée française des Alpes, ils sont obsolètes ou inexistants.

Côté français, au cours du premier semestre 1940, l'Italie ayant déclaré sa non-belligérance, la 6e armée est progressivement vidée d'une partie de sa substance par le transfert vers le front franco-allemand des grandes divisions alpines (27e, 28e et 29e divisions). Délestée de la moitié de ses troupes de manœuvre, celle-ci est rebaptisée plus modestement « armée des Alpes » à partir du 1er mai 1940. Au nom de la Savoie, du comté de Nice et de la Corse, régions revendiquées plus ou moins officiellement[4], l'Italie profite de la rupture

3. *Ibid.*, p. 647.

4. Le discours de Mussolini annonçant l'entrée en guerre de son pays, prononcé du balcon du palais de Venise, est à

de la ligne Weygand et entre en guerre le 10 juin. Surpris par le rapide effondrement de l'armée française, Mussolini espère une victoire facile.

Le plan italien est d'une désarmante simplicité : pousser vers l'avant, sur toute la longueur de la frontière. Au nord, la 4e armée doit prendre Chambéry et Grenoble (opération B), au centre, le 2e corps d'armée doit marcher sur Marseille par la vallée de la Durance (opération M), au sud, le 15e corps d'armée doit prendre Nice en passant par la côte. Face à des forces de trois à dix fois supérieures selon les secteurs (les Italiens alignent plus de 350 000 hommes, mais mal équipés et peu motivés), le général Olry, commandant l'armée des Alpes, peut s'appuyer sur un solide réseau de fortifications et une artillerie servie avec compétence. Il compte aussi sur des soldats (environ 175 000 hommes, dont 85 000 en première ligne) au moral intact. Les opérations de détail se multiplient de part et d'autre à partir du 14 juin, mais ce n'est que le 19 que Mussolini ordonne l'offensive générale, effective le 21.

Trois divisions alpines de série B (réserve), parfaitement appuyées par les ouvrages de la ligne Maginot des Alpes, vont se distinguer. La 64e défend les secteurs de l'Ubaye et du Queyras, la 65e, la frontière des Alpes maritimes, et la 66e, la Savoie.

---

plusieurs reprises interrompu par le slogan « *A noi Savoia !* » scandé par plusieurs dizaines de milliers d'Italiens.

En première ligne, plusieurs dizaines de sections d'éclaireurs-skieurs (SES) y gagnent la réputation justifiée de troupes d'élite. Du Beaufortain à la Méditerranée, les Italiens n'enregistrent que des échecs face à des Alpins qui utilisent judicieusement le terrain et réalisent quelques exploits. Ainsi, le lieutenant Bulle, de la SES du 80e bataillon alpin de forteresse, descendant en rappel le long d'une paroi rocheuse, fusil-mitrailleur à la hanche, prend à partie une unité italienne et la contraint à se replier. Le col du Petit-Saint-Bernard et le fort de la Redoute-Ruinée, le col du Mont-Cenis et le fort de la Turra, le col de l'Izoard et le fort de Château-Queyras sont autant de lieux où quelques dizaines de fantassins et d'artilleurs stoppent les bataillons ennemis.

Le 25 juin, les Italiens n'occupent qu'une partie de la haute Maurienne et Menton. Les pertes françaises s'élèvent à quelques dizaines d'hommes, contre plusieurs centaines pour les Italiens, qui relèvent également plusieurs milliers de blessés et de victimes de graves gelures. Lorsque les combats cessent, ils ont été arrêtés partout par les puissantes organisations défensives et les détachements de haute montagne.

Pendant ce temps, le 16e corps motorisé allemand du général Hoepner approche à vive allure de Lyon, menaçant les arrières de l'armée des Alpes. Mais ses divisions sont bloquées devant Valence (4e *PzD*), Grenoble (3e *PzD*) et Chambéry (13e *Infanterie-Division*) par des unités de circonstance, localement constituées à partir des quelques réserves de l'armée des Alpes. Il n'empêche que la victoire allemande est totale. L'armistice est sur le point d'être signé en forêt de Compiègne et la Wehrmacht n'est pas incitée à pousser ses offensives. La signature de l'armistice franco-italien le 24 juin doit tout aux succès allemands. Mais, contrairement aux espoirs de Mussolini, sa zone d'occupation se limite à quelques hautes vallées savoyardes et à Menton, même s'il peut exercer une influence sur une zone plus large, jusque dans le Dauphiné, par le biais de la Commission franco-italienne d'armistice.

L'armée des Alpes est effectivement la seule armée française invaincue de 1940.

25

Fallait-il déclarer Paris ville ouverte ?

« Nous nous battrons devant Paris, derrière Paris, nous nous enfermerons dans une de nos provinces pour nous battre, et si nous en sommes chassés, nous nous installerons en Afrique du Nord. »

Paul Reynaud,
président du Conseil, 9 juin 1940

Le 14 juin, Paris tombe. Hitler décrète « trois jours de pavois et de carillons[1] ». Le défilé des troupes allemandes sur les Champs-Élysées frappe encore les esprits. La question est récurrente. Devait-on défendre Paris ? Pouvait-on défendre la capitale ?

Six jours après la déclaration de guerre, le 9 septembre 1939, l'avenir de celle-ci est placé

1. *Journal de Goebbels*, cité dans Peter Longerich, *Goebbels*, vol. 2, *1937-1945*, Paris, Perrin, coll. « Tempus », 2015, 621 pages, p. 128.

entre les mains du général Héring, rappelé au service et nommé gouverneur militaire de Paris (GMP). La nouvelle est favorablement accueillie. « Nul choix ne pouvait être plus heureux, juge *Le Figaro* du lendemain. [...] Paris peut envisager avec confiance toutes les éventualités : il saura se montrer à la hauteur de sa lourde tâche, aussi bien pour le maintien de l'ordre intérieur qu'en vue de l'organisation des mesures de défense. » *Match*, l'ancêtre de *Paris Match* (né en 1949), adopte un ton identique : « Le choix du général Héring, comme gouverneur militaire de Paris, est à approuver sans réserve. Cet ancien commandant de notre École supérieure de guerre a fait preuve, dans tous les postes où il a passé, d'une rare énergie physique et intellectuelle. C'est un chef qui fut un soldat, dans la plus belle et la plus large acception du mot[2]. »

Dès la déclaration de guerre, les autorités préparent le départ vers la province des malades et des familles « qui ne disposent d'aucun lieu de repli assuré ». Un « service de train renforcé pour l'évacuation volontaire de la population parisienne[3] » est assuré. En deux jours, près de

2. Général Louis Maurin, ancien ministre de la Guerre, « La guerre de 1939 », *Match, hebdomadaire de l'actualité mondiale*, 14 septembre 1939, p. 3.

3. « Chronique de Paris en alerte. Les Parisiens se décident à quitter la capitale », *L'Intransigeant*, 3 septembre 1939.

30 000 enfants sont mis à l'abri dans des familles d'accueil de départements éloignés. Pour les automobilistes, des itinéraires spéciaux sont balisés. Les monuments les plus emblématiques (obélisque de la Concorde, Notre-Dame, etc.) sont camouflés ou protégés par des sacs de sable, les trésors du Louvre stockés dans les sous-sols de la Banque de France ou transférés en province. À partir de 20 heures, un black-out est imposé, lampadaires et phares des véhicules étant peints en bleu pour rendre plus difficiles des attaques aériennes.

Le nouveau gouverneur militaire de Paris ne ménage pas ses efforts, mais les moyens restent désespérément limités. Outre les effectifs de police et des forces de sécurité présents dans la capitale et les départements limitrophes, Héring disposera jusqu'en novembre de deux divisions d'infanterie de réserve. Il ne lui restera après cette date que quelques milliers de soldats, pour la plupart âgés et pauvrement équipés ; il les réorganisera en trois groupes d'intervention rendus aussi mobiles que possible. Il consacre une grande partie de son temps au maintien de l'ordre public (une partie du haut commandement craint une insurrection communiste), au risque de heurter le ministre de l'Intérieur. Sur le plan militaire, il fait assurer la garde des importantes usines d'armement de la région tout en s'efforçant de créer une position de sûreté au nord et à l'est de Paris.

La ligne de défense passe par le cours de l'Oise à partir de Conflans-Sainte-Honorine, les forêts de Chantilly et d'Ermenonville, la vallée de la Grivette, le canal de l'Ourcq et la Marne dans le secteur de La Ferté-sous-Jouarre. Les aménagements défensifs consistent en la création de fossés antichars, la préparation d'abattis et de barricades, la construction de points d'appui bétonnés pour les armes collectives. Trois régiments de travailleurs sont affectés à cette mission, mais le mauvais temps et la pénurie de matériels se conjuguent pour ralentir l'avancement des travaux. Ceux-ci seront toutefois pratiquement terminés à la fin du mois d'avril 1940. Paris sera désormais protégé par près de quatre cents abris bétonnés et casemates, couverts par une vingtaine de zones inondables et plus d'une dizaine de kilomètres de fossés antichars. Ce résultat ne sera obtenu qu'au prix d'épuisantes et incessantes interventions du général Héring auprès des dirigeants civils et militaires, afin d'obtenir *a minima* les ressources humaines, matérielles et financières nécessaires. « Journée de luttes stériles. La France ne sait plus que bavarder et discuter[4] », déplore-t-il à la fin du mois d'octobre 1939. Pendant la première phase de la campagne, la population parisienne ne semble

4. Cité par François de Lannoy, *Pierre Héring. Un général anticonformiste avec Pétain et de Gaulle*, Tours, Éditions Sutton, 2018, 398 pages, p. 185.

pas croire à la possibilité d'une occupation de la capitale. « Ici nous étions tranquilles à croire que les Allemands oubliaient Paris, note un habitant. [...] Nous avons eu un premier bombardement aujourd'hui. Simone est toujours près de moi et je voudrais ne pas avancer les vacances à cause des études. Il y a de bons abris dans les écoles[5] ! »

Pourtant, Héring est préoccupé par l'organisation de la défense de la capitale, d'autant que le GQG lui ordonne d'étendre sa position de défense à l'ouest, vers Vernon, et à l'est, vers Château-Thierry. Il double la ligne de résistance, une position extérieure et une intérieure, en grande partie réalisées la première semaine de juin. Pour armer l'ensemble, le général ne cesse de demander des matériels adaptés, qui lui sont régulièrement refusés. Au mieux reçoit-il des équipements désuets. Il demande le 25 mai que trois régiments prélevés sur des divisions récemment arrivées en Île-de-France soient mis à sa disposition. Trois jours plus tard, il note qu'« après [lui] avoir expliqué les raisons pour lesquelles il ne lui était pas possible, dans les circonstances actuelles, de donner satisfaction à [sa] demande de trois régiments, le commandant en chef [lui] a accordé : quatre escadrons de cavalerie, un bataillon de chars FT, deux bataillons sénégalais, dix-neuf pelotons de

5. Cité par Clément Horvath, *Till Victory. Lettres de soldats alliés*, *op. cit.*, p. 31.

GRM récupérés sur le GQG[6] ». Début juin, les matériels exigés sont partiellement fournis, mais la défense de Paris est toujours déficitaire en mines, grenades, explosifs et transmissions. Complétant le dispositif, Héring fait préparer la destruction des ponts sur la Seine, des tunnels du métro et du grand collecteur des égouts.

Le 2 juin, il reçoit du ministère du Travail la promesse du renfort de 10 000 travailleurs militarisés pour terminer les travaux. Il « demande aux municipalités de préparer les matériaux nécessaires pour la création de barricades dans les villages et sur les voies de pénétration[7] ». À quelques jours de la rupture des lignes françaises sur la Somme, toutes les mesures à prendre pour la « bataille de Paris » l'ont été. À cette date, la capitale et la région parisienne commencent à être bombardées par l'aviation allemande, grossissant le flot de l'exode. Pour la seule journée du 3 juin, plusieurs centaines d'appareils attaquent de jour les lieux de pouvoir, les usines et les aéroports, faisant un millier de morts et blessés. En une semaine, la ville perdra les deux tiers de ses habitants.

Le 8, Weygand décide de faire du gouverneur militaire de la capitale le commandant d'une

---

6. Déclaration écrite du général Héring à la commission d'enquête, 29 octobre 1945.

7. François de Lannoy, *Pierre Héring. Un général anticonformiste avec Pétain et de Gaulle*, *op. cit.*, p. 208.

armée de Paris, mais Héring puis son successeur Dentz, à compter du 13 juin, ne disposeront que de 8 000 hommes environ, d'un peu plus de deux cents canons et d'une trentaine de chars (dont vingt-trois anciens FT-17). D'autres éléments lui seront progressivement attribués (84e DINA, 57e DI), au fur et à mesure que la retraite des 7e et 10e armées sur ses flancs menacera de plus en plus la capitale.

Le 9 juin au soir, Weygand fait au président de la République Albert Lebrun et au président du Conseil Paul Reynaud un point de situation dramatique : « Je ne cachais rien de la rapidité avec laquelle s'aggravait la situation de nos armées, écrira-t-il dans ses *Mémoires*. [...] Le jour elles combattaient dominées et bombardées par l'aviation ennemie, libre d'agir sans risques, écrasées et tronçonnées par les chars dans des conditions d'infériorité inimaginables. La nuit, elles marchaient. » Dans la nuit, alors que la ligne de la Somme est définitivement bousculée par les Allemands, le président de la République, le gouvernement, les présidents des assemblées et de nombreux parlementaires quittent la ville, sans prendre soin de prévenir en amont le gouverneur militaire de Paris. Avant de prendre la route de la Touraine, Paul Reynaud fait transmettre au président des États-Unis un message de résistance et de détermination : « Nous nous battrons devant Paris, derrière Paris, nous nous enfermerons dans une de nos provinces pour nous battre, et si nous en sommes chassés, nous nous installerons en Afrique du Nord. »

Le 10 juin au matin, les grandes administrations et les services centraux des ministères suivent, entre affolement et frénésie. Il ne reste plus dans la capitale, avec l'autorité militaire, que les services de la préfecture de police. Au commandement de l'armée de Paris, le général Héring doit fermer la brèche ouverte entre les 7e et 10e armées. Il reçoit en renfort les unités en retraite des 2e DLM, 4e DCr et 8e DIC. Mais, dans la tourmente, les ordres et contrordres se succèdent : la 2e DLM est finalement, et en théorie, remplacée par la 3e. Pour lui, la défense de Paris est déjà compromise. Il ne lui semble pas « qu'on puisse compter sérieusement sur les troupes battues qui s'installent en ce moment sur la position et qui sont exténuées de fatigue[8] ».

Dans ses *Mémoires*, Weygand affirme que le même jour il suggère par écrit au président du Conseil de déclarer Paris « ville ouverte ». L'idée était dans l'air, elle est désormais exprimée. Le lendemain, 11 juin, la ligne de l'Aisne ayant été à son tour rompue, les colonnes allemandes menacent la capitale à la fois par l'ouest et par l'est. Dans la soirée, la décision est officiellement annoncée : Paris ne sera pas défendu.

Le mâle message de Reynaud à Roosevelt n'est déjà plus d'actualité. Le général Weygand avertit

8. *Ibid.*, p. 226.

les autorités militaires de la décision du gouvernement : « On ne se défendra ni sur la ligne des anciens forts, ni sur la ceinture des anciennes fortifications, ni à l'intérieur de la ville. Aucune destruction de ponts ni mise en état de défense de la ville ne doit être faite. En cas de repli, les troupes combattantes ne devront pas traverser la ville. »

Le lendemain matin, le général Dentz, désormais gouverneur militaire de Paris, précise à la population restée dans la ville que « la capitale ayant été déclarée ville ouverte, le gouverneur militaire invite la population à s'abstenir de tout acte d'hostilité et compte qu'elle conservera le sang-froid et la dignité qui s'imposent en ces circonstances ». Meurtri par cette décision, Héring approuve finalement le généralissime : « Malgré le serrement au cœur que j'ai éprouvé [...] je dois reconnaître en toute sincérité qu'à la place du général Weygand j'aurais agi comme lui[9]. » En fin de journée du 12, le GA 3 donne l'ordre de repli vers la Loire à l'armée de Paris. Héring s'exécute, mais note dans ses carnets : « Veut-on ou ne veut-on pas se défendre ? Nous ne recevons que des ordres contradictoires, ce qui est d'autant plus grave que les liaisons deviennent de plus en plus difficiles[10]. »

9. Général Héring, *Écrits de Paris*, juillet 1947.

10. François de Lannoy, *Pierre Héring. Un général anticonformiste avec Pétain et de Gaulle*, *op. cit.*, p. 233.

Le 14 juin, au lever du jour, les premiers soldats allemands pénètrent dans la capitale, de plus en plus nombreux, et le drapeau à croix gammée est hissé au fur et à mesure sur les bâtiments officiels.

Dans le reste du pays, il devient beaucoup plus difficile aux commandants de régiment et de division d'obtenir la collaboration des autorités civiles locales. Puisque la capitale a été déclarée ville ouverte, pourquoi faudrait-il que de meurtriers combats de rues se déroulent ailleurs ? Dans la nuit du 18 juin, dans la foulée du message radiodiffusé de Pétain la veille annonçant des conversations avec les Allemands en vue de faire cesser les opérations, mais aussi des pressions des élus locaux qui ne souhaitent pas transformer leurs communes en zones de combat à la veille d'un armistice, le gouvernement décide que « toute ville de plus de 20 000 habitants doit être considérée comme ville ouverte ». Le GQG prend la précaution d'ajouter que les commandants d'armée conservent leur liberté d'action, mais les autorités municipales imposent le plus souvent l'arrêt pur et simple de toute résistance et le repli des unités. Cette situation complique singulièrement l'action des militaires, puisque ces communes « doivent être défendues seulement à l'extérieur, soit aux avancées, soit aux débouchés ».

Dans la capitale, l'armée allemande prend ses quartiers. Au début, les Parisiens seront surpris par la relative courtoisie de ces soldats, que la propagande décrit quasiment comme des « touristes ». Entre émotion et analyse, le futur général Diego Brosset, alors membre de la mission militaire française en Colombie, note dans ses carnets : « Hier matin, les journaux ont annoncé l'entrée des Allemands dans Paris. On avait déclaré la capitale ville ouverte, on y attendait donc l'ennemi. Il n'en reste pas moins que c'est un symbole indéniable de victoire et je crains que les troupes ne s'y trompent pas, rude coup pour le moral. Eût-il mieux valu y combattre ? Je ne pense pas[11]. »

Sans doute s'agissait-il de la seule décision raisonnable.

11. Cité dans Guillaume Piketty, *Français en résistance. Carnets de guerre, correspondances, journaux personnels*, Paris, Robert Laffont, coll. « Bouquins », 2009, 1 169 pages, p. 139-140.

26

Les soldats français se sont-ils bien battus ?

« La victoire allemande a été obtenue de justesse. Les *Carnets* [de Rommel] montrent à quel point chaque acte de résistance ou tentative de contre-attaque des forces alliées, même les plus désespérées, démoralisait, voire stoppait [ses] hommes. »

Berna Günen, dans Erwin Rommel,
La Guerre sans haine

« Neuf mois de belote, six semaines de course à pied » : on connaît la formule méprisante de Louis-Ferdinand Céline. Les recherches historiques menées depuis une vingtaine d'années permettent d'affirmer le contraire : pour un grand nombre d'entre eux, les soldats français se sont comportés honorablement en 1939-1940. Chaque fois que les Allemands se sont heurtés à une résistance locale déterminée, ils ont douté, marqué le pas, attendu des renforts et des appuis. Mais doit-on pour autant dresser un arc de triomphe posthume à l'armée de 1940, qui a enregistré l'une des défaites les plus cinglantes et rapides de notre histoire ?

La Wehrmacht a publié de nombreux textes soulignant les actes individuels de courage et les difficultés de sa progression. « Notre infanterie attaqua et rencontra une violente résistance de la part des excellentes troupes françaises qui défendirent leurs positions et nous causèrent de graves pertes », note l'un de ceux-ci. L'historien n'en doit pas moins rester prudent : mettre en relief la résistance du futur vaincu, c'est aussi valoriser le succès du vainqueur. En outre, les témoignages sont contradictoires. Ainsi, le lieutenant-colonel Loichot, officier issu du rang durant la Grande Guerre et commandant du 41e régiment d'infanterie, écrit peu avant les premiers combats : « Pas d'allant dans la troupe et les cadres subalternes, hésitations de la part du commandement, les hommes ont toujours tendance à s'enivrer, les petits gradés ne réagissent pas suffisamment, fréquemment je suis obligé d'intervenir énergiquement, ce qui ne devrait pas être mon rôle. » L'alcool est parfois un fléau : « Faute d'eau, les hommes pillent les caves puis, pris de boisson, se disputent. » Le 26 mai, au soir de la première attaque, le lieutenant-colonel rectifie son jugement : « Je commence à être compris. Dans l'ensemble, le soldat s'est bien battu, il s'est rendu compte que c'est vraiment la guerre avec tous ses aléas, ses sacrifices. » Mais le lendemain, son opinion reste mitigée : « [Les éléments démotivés] ne croient pas encore que c'est la guerre, et se contentent de critiquer au lieu de chercher à faire le mieux avec les moyens dont ils disposent. [Toutefois, d'autres se ressaisissent,] les plus paresseux se réveillent et travaillent plus utilement. »

À l'arrière, l'opinion sombre dans la torpeur et commente les rumeurs les plus folles. « La situation s'aggrave, note dans son *Journal* Drieu La Rochelle, à la date du 16 mai 1940. Les Allemands débordent sur Bruxelles, Charleroi, Mézières, etc. Ils nous écrasent sous les chars et les avions. La ligne Maginot est tournée. En vain se dépense l'aviation anglaise. [...] Je ne croyais pas tout de même que ça pourrait aller si vite[1]. » Sur le terrain, le capitaine Pierre Brossolette, futur dirigeant de la Résistance, écrit le 22 juin une lettre sombre à son épouse : « Depuis la Marne, nous sommes soi-disant rattachés à une division qui se fout de nous encore plus éperdument que de ses propres troupes. Elle ne nous fournit pas à manger et néglige de nous avertir des brusques replis qui sont sa manœuvre quotidienne. [...] Je vous raconterai, si nous nous revoyons, tout ce qu'il y a eu de désespérant et d'affreux dans

1. Pierre Drieu La Rochelle, *Journal, 1939-1945*, présenté et annoté par Julien Hervier, Paris, Gallimard, 528 pages, p. 198-199.

notre déroute, dans la lâcheté des hommes, dans l'incapacité du commandement[2]. »

Dans la retraite, toutes les unités ne conservent pas leur cohésion. On ne compte plus les soldats isolés ou en petits groupes dans le flot des réfugiés fuyant devant l'invasion. Au fur et à mesure de la progression allemande, on ne retrouve pas dans le pays l'écho des sacrifices consentis aux armées. Les soldats présents dans les dépôts et les services de l'intérieur font parfois preuve d'un laisser-aller qui suscite jusqu'à la réaction du président du Conseil. « Il est inadmissible, j'ai pu le constater, que certaines formations du territoire continuent à vivre à un rythme comparable à celui qu'elles suivaient jusqu'à présent, s'étrangle Paul Reynaud. Trop de garnisons et de cantonnements offrent le spectacle d'hommes inoccupés qui ne paraissent soumis à aucune activité militaire ; leur tenue, leur allure révèlent un manque total de discipline[3]. »

L'état d'esprit n'est pas meilleur dans la population civile. Dans *L'Étrange Défaite* (1946), l'historien Marc Bloch racontera son évacuation de Dunkerque et son retour à Cherbourg *via* Plymouth aux premiers jours de juin. Particulièrement élogieux pour les autorités et la population

---

2. Guillaume Piketty, *Français en résistance. Carnets de guerre, correspondance, journaux personnels*, *op. cit.*, p. 431.

3. Instruction du 1er juin 1940 aux généraux commandant les régions militaires.

anglaises, il est plus circonspect sur ses compatriotes : « Vers le soir, écrit-il, nous rembarquâmes à Plymouth, pour jeter l'ancre, à l'aube, devant Cherbourg. Là, il fallut rester de longues heures en rade. "Vous comprenez, disaient les officiers du paquebot, français cette fois, qui nous avait transportés, ces messieurs de la préfecture maritime n'arrivent pas à leur bureau avant 9 heures." Nous retrouvions, hélas !, la France militaire de l'arrière. »

Pourtant, à la lecture des *Carnets* de Rommel, l'historienne Berna Günen observe que la campagne de France ne fut pas une promenade de santé. « La victoire allemande a été obtenue de justesse, souligne-t-elle. Les *Carnets* montrent à quel point chaque acte de résistance ou tentative de contre-attaque des forces alliées, même les plus désespérées, démoralisait, voire stoppait les hommes de Rommel[4]. »

La réalité, on le voit, est complexe. Reste une question. Combien de soldats français sont morts au printemps 1940 ? Le chiffre de 100 000 morts, désormais systématiquement repris, est surévalué. Sans doute faut-il estimer les pertes définitives autour de 70 000-80 000 tués. En six semaines de combats, ce chiffre est loin d'être négligeable et tend à se rapprocher des ordres de grandeur de la

4. Maréchal Rommel, *La Guerre sans haine. Carnets*, *op. cit.*, p. 32-33.

Grande Guerre. Dès le 3 juin, le général Huntziger note pour la seule 2e armée : « Du 19 mai au 1er juin : 96 officiers tués, 245 blessés, 120 disparus, 1 867 hommes de troupe tués, 7 270 blessés, 4 380 disparus[5]. »

À ces chiffres, il faudra ajouter à la fin juin plus de 1 800 000 prisonniers. Le corps expéditionnaire britannique a enregistré en proportion des pertes équivalentes, avec près de 70 000 tués, blessés et disparus entre le 10 mai et son évacuation, là encore un taux sensiblement égal à ceux de la Grande Guerre. Preuve, aussi, que contrairement à une légende bien ancrée, les Anglais se sont honorablement battus.

5. Max Schiavon, *Les Carnets secrets du général Huntziger*, *op. cit.*, p. 138.

27

Un gouvernement nomade pouvait-il gouverner ?

« La ville [Bordeaux] grouillait de parlementaires, de fonctionnaires, de journalistes surmenés, de réfugiés hagards, d'affairistes avides, de fuyards terrifiés. »

Emmanuel Berl,
La Fin de la IIIe République

Pour la troisième fois en soixante-dix ans[1], le gouvernement quitte Paris dans la nuit du 9 au 10 juin. Comme en 1914, il trouve refuge à Bordeaux, après une halte dans la région de Tours (où dès le mois de novembre 1939 le Sénat a fait transporter meubles et matériels dans l'hypothèse d'un départ de la capitale[2]) jusqu'au 14 juin.

1. Lors de la guerre de 1870, puis en 1914, le gouvernement s'est déjà éloigné de la capitale menacée par les Allemands.

2. Cité par Jacques Bardoux, *Journal d'un témoin de la Troisième. Paris-Bordeaux-Vichy (1er septembre 1939-15 juillet 1940)*, Paris, Fayard, 1957, 429 pages.

Au cours de ces journées cruciales, Conseils des ministres et conférences franco-britanniques se succèdent, au château de Cangé (Indre-et-Loire), où s'est installée la présidence de la République, à Briare (Loiret), où réside le grand quartier général, au château du Muguet (Loiret), qui accueille le commandant en chef Weygand, à la préfecture du département (Orléans), où s'est replié le ministère de l'Intérieur, lui-même réparti entre quatre sites, du château de la Bourdaisière à Montlouis-sur-Loire, Véretz et Larçay. Le ministère des Affaires étrangères a pris ses quartiers à Langeais ; l'Armement et le Blocus à Château-Renault ; le Ravitaillement à Sainte-Maure, etc. À ces implantations qui s'étendent jusqu'à Saumur pour la Banque de France, il faut ajouter l'hébergement d'une soixantaine d'ambassadeurs et diplomates et, enfin, plusieurs dizaines de députés et de sénateurs n'ayant pas regagné leurs circonscriptions.

Malgré les circonstances, le protocole n'a pas perdu ses droits : « huissiers en habit, piquets d'honneur et motocyclistes pour les liaisons » accompagnent les hautes autorités. C'est assez dire, avec des routes débordant de réfugiés, la sombre frénésie qui règne dans les petites villes du Val de Loire.

Toutes les réunions qui vont s'y tenir, aussi décisives soient-elles, le seront dans un cadre on ne peut plus inadapté à un gouvernement en temps de guerre. Ses dirigeants sont en effet éparpillés sur près de deux cents kilomètres. Séparés de leurs administrations, ils éprouvent des difficultés à communiquer faute d'équipement du pays en téléphonie. Sous-informés et à la merci des rumeurs, ils sont plongés dans une atmosphère propice aux intrigues, même s'ils ont l'air « presque gais », à en croire Alexander Werth. « Les cafés sont bondés de personnes connues – journalistes, politiciens, etc. –, note le reporter britannique. Ils ont tous l'air heureux d'être là loin de Paris. [...] À première vue, avec ses hôtels archipleins et ses terrasses de café grouillant de monde, la ville semble être le site d'un congrès radical. C'est comme une espèce de cauchemar comique[3]. »

Le 11 juin, à Briare, lors d'une réunion du Conseil suprême interallié, Weygand reconnaît devant Churchill le bousculement des dernières défenses par l'armée allemande et l'absence de troupes de réserve. En Conseil des ministres, il ne cache pas la gravité de la situation. « Quand j'ai pris le commandement, j'ai trouvé le front [celui de la Meuse] percé et nos armées refluant en désordre. Tous mes efforts ont tendu à un seul but : ressouder l'armée française et essayer que,

3. Alexander Werth, *Les Derniers Jours de Paris. Carnet d'un journaliste,* Paris, Perrin, coll. « Tempus », 2019, 351 pages, p. 218.

d'Arras à Bapaume, les deux fractions puissent se rejoindre. Je n'ai pas réussi. Des généraux n'ont pas exécuté mes ordres. Il me restait, après Dunkerque, cinquante-cinq divisions françaises avec deux divisions anglaises. Mais un général ou un pays ne doit jamais s'avouer vaincu. J'ai pensé qu'il fallait livrer une dernière bataille. [...] Cette deuxième bataille, Messieurs, a été également perdue. À cette heure, Paris n'est pas seulement menacé, mais il est impossible de le défendre. Je continuerai, si le Conseil des ministres m'en donne l'ordre, mais dès maintenant la guerre est définitivement perdue[4]. »

Le même jour, Pétain, vice-président du Conseil, s'entretient longuement avec Darlan, puis avec Weygand. De cette conversation, il aurait forgé sa conviction de la nécessité d'un armistice, qu'il exprimera pour la première fois le lendemain, 12 juin, lors du Conseil des ministres.

Ce jour-là, Weygand rejette les projets de réduit breton et de repli en Afrique du Nord pour demander que « le gouvernement français adresse au gouvernement allemand une demande d'armistice ». Franc ou lucide à ce moment précis, le généralissime s'était montré depuis le 25 mai d'un pessimisme que d'aucuns assimileront à du défaitisme. N'avait-il pas envisagé « le pire » dès

4. Cité par Charles Hamonet, *Tours capitale, 1940*, Tours, Arrault et Cie, 1942, 63 pages, p. 19-20.

le 25 mai, si le GA 1 en Belgique était perdu ? N'avait-il pas averti quatre jours plus tard « qu'il pourrait venir un moment à partir duquel la France se trouverait, malgré sa volonté, dans l'impossibilité de continuer une lutte militaire efficace pour protéger son sol[5] » ?

Dans la soirée du 13 juin, au château de Cangé, le gouvernement français attend Churchill. Pour rien. Le Premier ministre britannique et sa délégation, après avoir rencontré à la préfecture de Tours le président du Conseil, Paul Reynaud, le sous-secrétaire d'État chargé du secrétariat du cabinet de guerre, Paul Baudouin, le chef du cabinet diplomatique du président du Conseil, Roland de Margerie, et le sous-secrétaire d'État à la Guerre et à la Défense nationale, Charles de Gaulle, ont déjà repris l'avion pour Londres. Seule certitude dans ce chaos, le Premier ministre anglais quitte la France en doutant de la volonté politique de ses partenaires.

C'est en espérant que le Royaume-Uni « comprendra la situation » que reprennent les débats sur la nécessité ou l'opportunité d'un armistice. Au cours du Conseil des ministres qui suit, Weygand réitère son refus de poursuivre la lutte hors de France. Il est approuvé par Pétain qui lit une

5. Cité par Jacques Belle, *La Défaite française, un désastre évitable*, t. 2, *Le 16 juin 1940, non à l'armistice !*, Paris, Economica, 2009, 349 pages, p. 9-10.

déclaration appelant à ne pas quitter la métropole. Vers 23 heures, Paul Reynaud enregistre un discours destiné à être radiodiffusé, dans lequel il renouvelle son appel à l'aide aux États-Unis : « Nous gardons l'espoir au cœur. » Il lie également le sort du Royaume-Uni à celui de la France : « La seule chance de sauver la nation française, avant-garde des démocraties, et par là de sauver l'Angleterre, aux côtés de qui la France pourrait rester avec sa puissante flotte, c'est de jeter aujourd'hui même dans la balance le poids de la force américaine. »

Le 14 juin, Paul Reynaud quitte Tours en voiture pour Bordeaux, suivi par les membres du gouvernement et les principales autorités républicaines. Le président de la République s'installe à la préfecture, le président du Conseil à l'hôtel de commandement de la région militaire, le ministre de l'Intérieur à la préfecture, Pierre Laval à la mairic, les ministres et les parlementaires dans les hôtels et établissements voisins. « La ville grouillait de parlementaires, de fonctionnaires, de journalistes surmenés, de réfugiés hagards, d'affairistes avides, de fuyards terrifiés, note Emmanuel Berl. Plus de chambres dans les hôtels, plus de tables dans les restaurants : les édifices publics sont tous réquisitionnés par les ministères, les Bordelais eux-mêmes voyaient leurs maisons envahies par les Parisiens.

Trouver un lit suppose beaucoup d'astuce ou de puissantes protections[6]. »

Au soir du 16 juin, alors que les mauvaises nouvelles se multiplient, Pétain annonce sa démission du poste de vice-président du Conseil.

6. Emmanuel Berl, *La Fin de la IIIe République*, Paris, Gallimard, coll. « Folio Histoire », 2007, 469 pages, p. 155.

28

La guerre pouvait-elle être poursuivie en Bretagne ou en Afrique du Nord ?

> « Je continue naturellement l'exécution de ma mission comme si de rien n'était. Cependant, je me demande si la présence du gouvernement à Bordeaux et le départ des Britanniques ne lui enlèvent pas son actualité et son importance. »
>
> Général Robert Altmayer,
> chargé du futur « réduit breton »

La première semaine de juin, l'objectif de l'écrasante majorité du personnel politique et du haut commandement est de stopper l'armée du IIIe Reich. Seules quelques voix jusqu'au-boutistes évoquent un repli dans un réduit breton ou en Afrique du Nord… jusqu'au moment où il sera trop tard pour l'organiser. Pour les tenants de l'armistice, progressivement majoritaires, les conditions ne sont pas réunies pour de tels projets. Seulement « après coup, [cette idée] a appartenu à tout le monde, aux hommes politiques surtout, spécialistes de la stratégie *a posteriori* », résumera le général Weygand après la guerre.

À l'origine du projet de « réduit breton », il y a la conviction qu'un front pourrait être maintenu quelques semaines ou quelques mois sur le sol national, tout en facilitant les relations avec la Grande-Bretagne, maîtresse des mers, dans l'attente d'une aide américaine. Sans doute l'idée a-t-elle germé dans le cerveau du président du Conseil Paul Reynaud dès le 29 mai 1940. De Gaulle la reprendra à son compte lors de son entrée au gouvernement, le 6 juin. Le nouveau sous-secrétaire d'État à la Guerre et à la Défense nationale tentera de faire étudier le dossier par l'état-major, mais Weygand mettra son veto. La question redevient pourtant d'actualité le 12 juin à l'issue d'une rencontre franco-britannique. Le généralissime doit feindre de s'y intéresser et, le 14 juin, il convient avec le général Georges, son adjoint, et le général britannique Brooke, « dans le cadre de la décision prise par les gouvernements britannique et français, d'organiser un réduit en Bretagne ». L'ordre vient donc du plus haut niveau. Mais il sera annulé dès le lendemain, 15 juin, à 19 heures, après que Weygand eut été informé que « les forces britanniques reprennent leur liberté vis-à-vis du commandement français ».

Paris poursuit donc seul le projet. En début de soirée, le général Robert Altmayer, commandant la 10e armée et auquel revient la mission de se replier vers le futur réduit breton où le gouvernement pourrait se réunir[1], en prend le commandement. « Environ 7 000 travailleurs sont réunis, explique-t-il dans un compte rendu rédigé depuis son PC de Rennes. J'espère que les premiers travaux sérieux pourront commencer demain ou après-demain. Les réalisations sont toujours plus lentes qu'on le désirerait. » Mais son constat sur les troupes combattantes est navrant : « Mes disponibilités actuelles sont nulles ou à peu près. [...] La division Béthouart commence ses débarquements mais elle a été embarquée pêle-mêle, les matériels en queue de transport, y compris les armes automatiques et les armes antichars. Le matériel est encore à Glasgow. [...] La division belge est inexistante comme troupe combattante. [...] De même la division polonaise qui n'est composée que de jeunes recrues. [...] Le général Faury peut me fournir trois petits bataillons armés de fusils. » Quant aux Britanniques, ils ont disparu : « [...] Sans nous en avoir prévenus, [ils] évacuent et embarquent par mer depuis hier après-midi leurs bases de Saint-Nazaire, Châteaubriant et Rennes. [...] Ils nous enlèvent conséquemment les travailleurs qu'ils nous avaient fournis et je n'escompte plus le concours de leurs unités combattantes.

1. Ce n'est que dans la nuit du 13 au 14 juin que la décision de partir pour Bordeaux est prise.

De même une partie de l'aviation qu'ils avaient en Bretagne a pris son vol pour l'Angleterre. » Sa conclusion est on ne peut plus lucide : « Je continue naturellement l'exécution de ma mission comme si de rien n'était. Cependant, je me demande si la présence du gouvernement à Bordeaux et le départ des Britanniques ne lui enlèvent pas son actualité et son importance. »

Mort-né, le « réduit breton » a paradoxalement fait l'objet d'un début de réalisation, avec des moyens loin d'être négligeables[2], mais dans le chaos. Les généraux en charge du dossier, comme le général Griveaud, commandant la XIe région militaire à Nantes, reçoivent pendant trois jours de suite des ordres contradictoires, leur demandant alternativement de préparer une ligne de défense sur la Loire, face au nord, ou de « diriger toutes les forces disponibles pour organiser la défense du réduit breton ». Mais les troupes attendues ne viendront jamais et l'aménagement défensif du terrain ne se fera pas. Le projet, plus politique que militaire, a fait long feu.

La poursuite de la guerre depuis l'Afrique du Nord suppose deux conditions : d'abord, une volonté politique au plus haut niveau, ensuite une capacité de transport maritime importante afin de débarquer outre-Méditerranée les quinze à

2. Effectif théorique de quatre corps d'armée, soit une dizaine de divisions.

dix-huit divisions nécessaires à la défense du territoire. « En matière de transport, le sentiment n'est pour rien, c'est une question purement mathématique », lâche Weygand, pour qui le projet est absurde, la priorité restant l'arrêt de l'offensive allemande. Or, ajoute le généralissime, il n'y a « pas de bateaux ». Pendant plusieurs jours, à la mi-juin, entre atermoiements et absence de décision, les préparatifs d'évacuation se poursuivent dans la confusion à Bordeaux et sur la côte méditerranéenne. En accord avec le gouverneur général de l'Algérie et le résident général en Tunisie, le général Noguès, commandant en chef du théâtre d'opérations d'Afrique du Nord, soutient activement le projet. Le 17 juin, il télégraphie du Maroc le message suivant : « L'Afrique du Nord, tout entière, est consternée. Les troupes de terre, air, mer demandent à continuer la lutte pour sauver l'honneur et conserver l'Afrique du Nord à la France[3]. »

Partisan de cette solution, le général de Gaulle tente de convaincre les autres membres du gouvernement et le généralissime. Le 13 juin, il donne l'ordre de transporter 35 000 soldats vers le Maroc, mais celui-ci sera annulé six jours plus tard. De Bordeaux, les futurs embarquements des soldats de

3. Cité dans Christine Levisse-Touzé, *L'Afrique du Nord dans la guerre, 1939-1945*, Paris, Albin Michel, 1998, 468 pages, p. 64.

l'armée de terre sont basculés vers Sète (Hérault) et Port-Vendres (Pyrénées-Orientales), sur le littoral méditerranéen. Ils n'auront jamais lieu, victimes de la confusion qui règne. Seuls quelques aviateurs rejoindront l'Afrique du Nord par leurs propres moyens, ainsi que des volontaires étrangers (polonais, tchèques, belges en particulier) que le major général Doumenc fait évacuer. À la veille de s'envoler pour Londres demander des renforts aériens et navals, de Gaulle tente une nouvelle fois de convaincre Weygand. Réponse du généralissime : « L'Empire ? Mais c'est de l'enfantillage ! Lorsque j'aurai été battu, l'Angleterre n'attendra pas huit jours pour négocier[4]. »

Quelques jours plus tôt, le 13 juin au soir, avant même le départ du gouvernement pour Bordeaux, le maréchal Pétain avait lu en Conseil des ministres une déclaration signant l'arrêt de mort de ces projets. « Il est impossible au gouvernement, sans émigrer, sans déserter, d'abandonner le territoire français. Le devoir du gouvernement est, quoi qu'il arrive, de rester dans le pays, sous peine de n'être plus reconnu comme tel. [...] Je déclare en ce qui me concerne que, hors du gouvernement s'il le faut, je me refuserai à quitter le sol métropolitain, je resterai parmi le peuple français pour partager ses peines et ses misères. L'armistice est

4. Jacques Belle, *La Défaite française, un désastre évitable*, t. 2, *Le 16 juin 1940, non à l'armistice !*, *op. cit.*, p. 14.

à mes yeux la condition nécessaire de la pérennité de la France. »

Tout est définitivement terminé dix jours plus tard, lorsque Weygand, nouveau ministre de la Défense nationale, interdit tout départ à destination de l'Afrique du Nord sans son autorisation personnelle. Le 24, les Allemands sont à Bordeaux. Le même jour, les vingt-sept parlementaires et hommes politiques – parmi lesquels Édouard Daladier – embarqués sur le *Massilia* atteignent Casablanca et sont aussitôt assignés à résidence.

À partir de juillet 1940, le gouvernement de Vichy justifie son maintien dans l'Hexagone. « L'opinion publique actuelle n'aurait pas compris que le gouvernement transportât son siège sur l'autre rive de la Méditerranée, estime dans une note le ministre des Affaires étrangères Paul Baudouin, [...] ce transfert aurait eu besoin de se fonder sur un fait nouveau, tel que l'entrée en guerre des États-Unis, qui eût contenu l'annonce d'un changement ultérieur du rapport de force[5]. »

Persuadés que l'Angleterre, réduite à ses seules forces, acceptera rapidement à son tour une suspension d'armes[6], les dirigeants de Vichy jugent

---

5. Note du 25 juin 1940 de Paul Baudouin, ministre des Affaires étrangères, aux gouverneurs et résidents généraux en Afrique du Nord et au Levant.

6. Pour Darlan, « Anglais se sont montrés sur terre soldats médiocres et nos revers viennent en partie de leur armée, leur

inenvisageable de quitter le territoire. « La France ne sera administrée que par des Français », déclare Pétain dans son allocution radiodiffusée du 25 juin. Weygand ne reviendra jamais sur son choix. Dans ses *Mémoires*, il continue de défendre sa demande l'armistice : « Transporter en juin 1940 la guerre en Afrique du Nord eût été la perdre. [...] L'armistice a sauvé des libertés, des vies, des territoires, des richesses. Il a été aussi avantageux pour ses alliés que pour la France. » Une présentation des faits pour le moins abusive.

---

succès paraît aléatoire », télégramme du 22 juin au général Noguès. De façon très méprisante, il ajoute deux jours plus tard dans un nouveau télégramme que les troupes britanniques « se sont montrées médiocres » et leurs « chefs ignorants et indisciplinés ».

29

L'appel à Pétain était-il un complot contre la République ?

« À l'accusation d'incompétence jetée aux militaires répond celle d'irresponsabilité lancée aux politiques. Une des explications de 1940 – l'une des plus décisives, qui sait ? – serait-elle là ? Dans l'absence – ou l'insuffisance – d'une confiance et d'une estime mutuelles ? »

Jean-Paul Cointet

En juin 1940, le maréchal Pétain figure indiscutablement au premier rang des personnalités les plus aimées des Français. Dernier survivant des maréchaux de la Grande Guerre, il incarne aux yeux des anciens combattants, mais aussi des élus et des journalistes, les valeurs qui ont assuré la victoire en 1918. Il a la réputation d'être un chef militaire républicain, respectueux des institutions. En novembre 1935, en réponse à un sondage organisé par *Le Petit Journal*, une majorité de lecteurs désigne le vieux maréchal comme le chef dont la France aurait besoin. En 1938, l'influent député de Meurthe-et-Moselle Philippe Serre, indépendant de gauche et sous-secrétaire d'État du Front populaire, ne dit pas autre chose : « C'est Pétain qu'il nous faut. Ses convictions républicaines sont indéniables. Son autorité est incomparable[1]. »

Pour le Maréchal, la France a besoin d'un réarmement moral. Il l'affirme à deux reprises lors de discours pour la seule année 1936. À Verdun, le 22 juin, il fait l'éloge de la famille, de l'école et de l'armée : « Il est grand temps que les Français se reprennent. [...] La force assure l'indépendance, attire les alliances et maintient l'amitié. » Le 3 novembre, à Saint-Quentin, le ton est tout aussi sévère : « Dix-huit ans après l'armistice, un vent de guerre souffle de nouveau sur une Europe inquiète. Le temps n'est plus de récriminer et de chercher à la suite de quelles faiblesses la paix se trouve à nouveau compromise. C'est un fait. Il reste à en tirer les conclusions nécessaires[2]. »

Lorsqu'il est appelé au gouvernement le 18 mai 1940 par Paul Reynaud comme vice-président du Conseil, au même titre que Camille Chautemps

1. Cité par Jean Lacouture, *De Gaulle*, t. I, *Le Rebelle, 1890-1944*, Paris, Seuil, 1984, 870 pages, p. 270.

2. Dans *L'Homme libre*, 4 octobre 1936.

(radical-socialiste), il est pour l'immense majorité des Français l'homme qui a su dire aux heures sombres de Verdun : « Ils ne passeront pas ! » et « On les aura ! » Le Maréchal, enfin, peut s'appuyer sur les puissants réseaux des anciens combattants qui, depuis des années, appellent à des réformes « de salut public », attendues par une grande partie de la population, et dont il est « l'incarnation même », selon Antoine Prost. « Pétain ne se contente pas de reprendre la thématique morale du discours combattant, fait-il observer. Il épouse les mêmes causes. Voilà un régime qui, enfin, ne s'occupe plus de politique, mais s'intéresse aux vrais problèmes – ou du moins ceux que les combattants considèrent comme tels : la santé, l'hygiène, la natalité. Il prône le rassemblement des Français et refuse les considérations de classes sociales[3]. » Véritable « statue du Commandeur » à la parole rare, mais toujours mise en valeur par la presse, il bénéficie d'un immense capital de confiance. Dans le pays, toujours traumatisé par les pertes humaines de la Grande Guerre, il est à la fois un repère et un exemple. Comme bien d'autres périodiques, le magazine polémique et satirique *Juvénal* du 25 mai le confirme : « Pour le peuple, le nom de Pétain est synonyme de cette sagesse dont a parlé Paul Reynaud. »

---

3. Antoine Prost, *Les Anciens Combattants, 1914-1940*, *op. cit.*, p. 274-275.

Paradoxalement, à la suite de la ferme déclaration de Paul Reynaud du 12 juin au soir sur sa volonté de poursuivre la guerre, la rumeur se propage dans Tours : « Reynaud exprimait-il plus que sa propre manière de voir ? [...] J'ai rencontré dans la rue Nationale Coutard et sa femme : "En somme, c'est la capitulation pour demain ?", m'a-t-il demandé. C'est ce que lui paraissait signifier la déclaration de Reynaud[4]. » En réalité, le président du Conseil, derrière une apparente détermination à poursuivre la lutte, est très hésitant. Le 16 juin, le président de la République Albert Lebrun demande au Maréchal de succéder à Paul Reynaud, dans la logique de la pratique constitutionnelle. Ce choix n'est pas neutre, car sa position est connue depuis plusieurs jours : mettre fin aux combats le plus rapidement possible[5]. Le nouveau président du Conseil constitue aussitôt un gouvernement de spécialistes et techniciens, civils et militaires, mais « d'union nationale », comptant en particulier des radicaux[6]

4. Alexander Werth, *Les Derniers Jours de Paris. Carnet d'un journaliste*, *op. cit.*, p. 223.

5. Le 15 juin, le général Huntziger note dans ses carnets : « Georges nous dit que Pétain et Weygand ont posé à Paul Reynaud l'alternative d'avoir à décider de la cessation des hostilités pour aujourd'hui midi. Gouvernement en discute aujourd'hui », Max Schiavon, *Les Carnets secrets du général Huntziger*, *op. cit.*, p. 151.

6. Parmi lesquels l'influent Camille Chautemps à la vice-présidence du Conseil.

et des socialistes[7]. Le gouvernement étant divisé, c'est le radical-socialiste Camille Chautemps « qui a l'idée subtile de proposer qu'on demande non pas l'armistice, puisque beaucoup de ministres s'y opposent, mais à quelles conditions l'armistice serait accordé. Il évite ainsi la rupture immédiate du gouvernement[8] ».

Le 17 juin, dans une allocution radiophonique, Pétain s'adresse au pays : « Sûr de l'affection de notre admirable armée, sûr de l'appui des anciens combattants que j'ai eu la fierté de commander, sûr de la confiance du peuple tout entier, je fais à la France le don de ma personne pour atténuer son malheur. » Il propose à l'Allemagne de « rechercher, avec nous, entre soldats, [...] dans l'honneur, les moyens de mettre un terme aux hostilités », brisant les dernières velléités de résistance, dans les administrations civiles et parmi les troupes. Son discours est interprété par des populations déboussolées et des soldats fatigués comme l'annonce de la fin des combats.

Le 22 juin 1940, l'armistice est signé en forêt de Rethondes. Le lendemain, Laval, qui a tout fait pour interdire au président Albert Lebrun de rejoindre l'Afrique du Nord à bord du *Massilia* avec les parlementaires, est nommé vice-président

---

7. André Février, député de Lyon, au Travail et à la Santé publique, et Albert Rivière, député de la Creuse, aux Colonies.

8. Emmanuel Berl, *La Fin de la IIIe République, op. cit.*, p. 145.

du Conseil et ministre d'État. Il a longtemps appartenu à cette mouvance centrale du Parlement qui agrège sous la IIIe République, autour du Parti radical, les élus républicains modérés, un peu de droite ou un peu de gauche. Celle-ci fait et défait les gouvernements et conserve dans la plupart des cas, avec une exceptionnelle constance, la présidence du Conseil et la plupart des ministères. Député depuis 1923, ministre dès 1930, il est président du Conseil à l'été 1935. Les contemporains en conservent l'image d'un homme attaché à la paix, qui n'hésite pas à discuter personnellement aussi bien avec Mussolini qu'avec Staline.

Le gouvernement quitte Bordeaux pour l'Auvergne et s'installe à Clermont-Ferrand le 30 juin, puis le 2 juillet à Vichy, où les grands hôtels accueillent les ministères, tandis que l'Assemblée nationale se réunit au Casino. Sur la proposition de Laval, le Conseil des ministres adopte un projet de loi déléguant au maréchal Pétain la responsabilité de préparer et promulguer une nouvelle Constitution. Dès le 5 juillet, Laval démarche méticuleusement députés et sénateurs pour les convaincre d'accepter le texte, quitte à accepter quelques amendements, par exemple que la nouvelle Constitution « sera ratifiée par la nation ». Ce type de « marchandage » correspond à la pratique de la IIIe République. « Laval travaille les élus par petits paquets, et même individuellement. C'est sa manière, souligne son biographe Fred Kupferman. Il tutoie, il prend le bras, il explique en confidence ce qu'il faut faire pour sauver le pays, il rassure chacun sur son sort, et entame doucement les résistances[9]. » Le nouveau vice-président du Conseil peut s'appuyer sur le trouble profond qui règne sur tous les bancs de l'hémicycle. « Le Parlement va se charger des fautes communes. Ce crucifiement est nécessaire pour éviter que le pays ne sombre dans la violence et l'anarchie[10] », déclare ainsi le député socialiste de la Corrèze Charles Spinasse, ancien ministre de l'Économie de Léon Blum. À l'exception de quelques sénateurs, les élus ne sont pas disposés à défendre les institutions de la IIIe République.

Le 10 juillet, peu après 17 heures, dans la salle du Casino transformée en salle de réunion plénière, le projet est présenté aux élus. Les débats sont brefs et à 18 h 50 le vote est acquis. Pour : 569. Contre : 80. Abstentions : 20. La loi constitutionnelle comporte un article unique : « L'Assemblée nationale donne tous pouvoirs au gouvernement de la République, sous l'autorité et la signature du maréchal Pétain, à l'effet de promulguer par un ou plusieurs actes une nouvelle Constitution de l'État français. Cette Constitution devra garantir les droits du travail, de la famille et de la patrie. La présente loi constitutionnelle, délibérée et adoptée

---

9. Fred Kupferman, *Laval*, Paris, Balland, 1987 ; rééd. Le Grand Livre du Mois, 2006, 654 pages, p. 259.

10. *Ibid.*, p. 266.

par l'Assemblée nationale, sera exécutée comme loi de l'État. »

Une nette majorité de la Chambre de 1936, qui avait vu la victoire du Front populaire, vient de confier les pleins pouvoirs constitutionnels à Pétain, en tant que représentant du gouvernement de la République. Imaginer un complot du Maréchal pour accéder au pouvoir relève de la politique-fiction. En revanche, l'influence de Laval se manifeste de nouveau dès le lendemain avec les trois premiers actes constitutionnels qui donnent l'assise du futur « État français ». Pétain prend le titre de chef de l'État, se voit attribuer le pouvoir législatif et ajourne les deux assemblées.

« La défaite a conduit au procès des généraux par les politiques et à la dénonciation des politiques par les généraux, note l'historien Jean-Paul Cointet, spécialiste de l'histoire de Vichy. À l'accusation d'incompétence jetée aux militaires répond celle d'irresponsabilité lancée aux politiques. Une des explications de 1940 – l'une des plus décisives, qui sait ? – serait-elle là ? Dans l'absence – ou l'insuffisance – d'une confiance et d'une estime mutuelles[11] ? »

11. Jean-Paul Cointet, « Gouvernement et haut commandement en France entre les deux guerres », art. cit., p. 85.

30

L'appel du 18 Juin a-t-il été entendu ?

« Le général de Gaulle, qui a pris la parole à la radio, à Londres, ne fait plus partie du gouvernement et n'a aucune qualité pour faire des communications au public. Il a été rappelé de Londres et a reçu l'ordre de rentrer en France et de se tenir aux ordres de ses chefs. Ses déclarations doivent être regardées comme non avenues. »

Communiqué du ministère de l'Intérieur
repris par tous les journaux
le 19 juin 1940

On connaît, ou plutôt on croit connaître, le texte lyrique de l'appel du 18 Juin, lu chaque année à l'occasion des commémorations organisées dans toutes les villes de France : « La France a perdu une bataille, mais elle n'a pas perdu la guerre ! [...] Cette guerre est une guerre mondiale ! » Dans cet appel à tous les militaires et civils qui se trouveraient en Angleterre à entrer en relation avec lui pour continuer la lutte contre l'Allemagne, de Gaulle ne rejette pas encore tout rapprochement avec les hommes de Vichy. Mais il fixe une position de principe : pas question d'accepter la défaite.

Qui a entendu le discours diffusé par la BBC à 22 heures et le lendemain à midi ? Pas grand monde. Pour quelle raison des Français pris dans le maelström de l'exode sur les routes de France écouteraient-ils la radio britannique ? Et de surcroît un général inconnu ? En revanche, ils ont été des millions à écouter le discours de Pétain, radiodiffusé la veille, 17 juin, et annonçant l'ouverture des conversations d'armistice. Dans leur immense majorité, ils ont approuvé cette décision.

Le discours du général de Gaulle, publié le 19 juin par la presse anglaise dans une version validée par le gouvernement britannique et cité dans quelques journaux français[1], est une réponse au nouveau chef de gouvernement. Il marque une nouvelle étape dans les relations, anciennes et souvent conflictuelles, entre les deux hommes[2]. Le

1. Le 19 juin, notamment dans *Marseille-Matin* et *Le Petit Marseillais* en p. 3, dans *Le Petit Provençal* en première page et dans *Le Progrès de Lyon* en p. 2.

2. Sur les rapports entre les deux hommes, on consultera Herbert R. Lottman, *De Gaulle/Pétain, règlements de comptes*, Paris, Perrin, 2015, 248 pages. Pour le détail du conflit grandissant entre eux et la lettre fameuse que de Gaulle adresse à Pétain pour marquer leur rupture : Jean Lacouture, *De Gaulle*, t. I, *Le Rebelle, 1890-1944*, *op. cit.*, p. 130-145.

quotidien breton *Ouest-Éclair* avait rappelé après la nomination du général, « promoteur des divisions blindées », au poste de sous-secrétaire d'État, le 5 juin : « [...] Le général de Gaulle, qui n'a qu'une cinquantaine d'années, est un élève et un disciple du maréchal Pétain. Il est un de nos meilleurs espoirs[3]. »

Vingt-huit ans plus tôt, en 1912, le jeune officier sorti de Saint-Cyr était affecté au 33e régiment d'infanterie d'Arras commandé par le colonel Pétain. Après la Grande Guerre, de Gaulle sera affecté auprès du maréchal Pétain, vice-président du Conseil supérieur de la guerre, qui l'impose comme conférencier (notamment à l'École de guerre) et protège sa carrière. Après un séjour au Levant (1929-1932), il rejoint le secrétariat général de la Défense nationale, où il aborde les dossiers les plus complexes pour l'avenir des armées françaises. Il publie plusieurs ouvrages : *Le Fil de l'épée* (1932), *Vers l'armée de métier* (1934) et *La France et son armée* (1938). C'est à propos de ce dernier livre que les deux hommes se brouillent. À l'origine, ce devait être une *Histoire du soldat français*, signée par le Maréchal. À la lecture du manuscrit, ce dernier exige des corrections. Il souhaite, en outre, confier la conclusion à un autre officier. De Gaulle refuse et décide de publier le texte sous son nom et sous un autre titre.

---

3. *Ouest-Éclair*, 7 juin 1940.

Au début de la guerre, il est cité pour son action dans la région d'Abbeville et nommé général à titre temporaire par Weygand le 27 mai. Le grand public ne sait rien de lui, même si quelques rares quotidiens lui tressent des louanges, à l'image du *Temps* : « Le général de Gaulle a l'amertume de n'avoir pas été compris et entendu alors qu'il en était temps, écrit Pierre Fervacque. Mais dans la bataille qui se livre désormais pour le salut de la patrie et à laquelle il est étroitement mêlé, il servira le pays avec sa lumineuse intelligence, sa sérénité d'âme – nous écririons volontiers son génie[4]. »

Dès lors, les événements s'accélèrent. Il est nommé par Reynaud sous-secrétaire d'État à la Défense nationale et à la Guerre le 5 juin, malgré les réticences de Weygand et de Pétain, qui manifeste son hostilité au général Spears, représentant de Winston Churchill : « La nomination de De Gaulle au sous-secrétariat d'État n'est pas faite pour arranger les choses. [...] Sa vanité lui fait croire que l'art de la guerre n'a pas de secrets pour lui. On dirait qu'il l'a inventé. Non seulement il est vaniteux, mais il est ingrat. Il a peu d'amis dans l'armée[5]. »

---

4. Pierre Fervacque, *Le Temps*, 1er juin 1940. De son vrai nom Rémy Roure, il s'engagera dans la Résistance et sera fait Compagnon de la Libération.

5. Cité dans ses Mémoires par Edward Spears, *Témoignage sur une catastrophe*, vol. 2, *La Chute de la France*, Paris, Presses de la Cité, 1964, 371 pages, p. 90.

Si la plupart des journaux citent simplement son nom, certains se laissent une nouvelle fois aller au lyrisme. *Le Matin* évoque l'« extraordinaire soldat-prophète », et le « véritable inventeur des *Panzerdivisionen*. Il va pouvoir à ce poste de choix donner sa mesure ». De Gaulle se coule immédiatement dans ses nouvelles fonctions gouvernementales. Il est désormais un politique. Il ne sollicite pas, ne négocie pas, il donne des ordres. Y compris au généralissime, qu'il juge trop réservé sur la poursuite de la lutte.

Le 17 juin, après la démission de Paul Reynaud, remplacé par le maréchal Pétain, de Gaulle choisit de partir pour Londres, accompagné de son aide de camp. Choisir l'exil est un acte fort pour un officier, c'est déserter. Pour les officiers et les sous-officiers, mais aussi pour l'immense majorité des Français, un tel acte nie les principes de hiérarchie et de discipline qui constituent le fondement de l'armée et le cœur de sa cohésion. Les sanctions qui frappent le général sont largement approuvées. « L'ex-général de Gaulle, qui vient d'être condamné à mort par la justice militaire de son pays, continue, à la radio britannique, à lancer des appels à la désobéissance, à la désertion et à la révolte, mais il parle dans le désert », s'indigne ainsi *Le Journal de Normandie* dans son édition du 6 août. Dans une telle atmosphère, la détermination de De Gaulle n'en est que plus impressionnante.

Le débat va alors se cristalliser sur les notions de légalité et de légitimité. Si Pétain représente la légalité formelle (les ambassadeurs étrangers resteront accrédités à Vichy), de Gaulle incarne, au moins à ses propres yeux à ce moment-là, une légitimité transcendante. Il n'est pas un simple général en exil, il est la France qui se bat. Dès les premiers jours – Churchill en porte à plusieurs reprises témoignage dans ses *Mémoires* – il bataille avec les autorités anglaises pour exiger la reconnaissance intégrale de la souveraineté française. Il exigera que les Forces françaises libres, constituées dès le 1er juillet, ne soient pas assimilées à une « légion » au sein de l'armée britannique, mais à une armée alliée sous drapeau tricolore. À cette date, quelques troupes rescapées de Narvik et de Dunkerque l'ont rejoint : deux bataillons de la 13e DBLE, quelques centaines de chasseurs alpins, les équipages d'un sous-marin et d'un patrouilleur. Mais de sa promotion (1923-1924) à l'École supérieure de guerre, un seul officier a sauté le pas[6].

Les premiers mois seront particulièrement difficiles (Mers el-Kébir, Dakar) et en 1941 la majorité des soldats français stationnés au Levant fait encore le choix de rejoindre la métropole avec l'armistice

6. Rémy Porte, « Entre dissidence et résistances. Les officiers face à la défaite de juin 1940 », *Inflexions*, n° 29, 2015-2, p. 27-34.

de Saint-Jean-d'Acre. C'est avec le refus de Pétain de quitter l'Hexagone après l'occupation de la zone dite « libre », à l'automne 1942, que toute ambiguïté sera levée.

Index des sigles

BCC : bataillon de chars de combat.
BEF : British Expeditionary Force (corps expéditionnaire britannique).
CA : corps d'armée.
CAF : corps d'armée de forteresse.
CC : corps de cavalerie.
CSG : Conseil supérieur de la guerre.
DCr : division cuirassée.
DI : division d'infanterie.
DLM : division légère motorisée.
GA : groupe d'armées.
GPF : grande puissance Filloux.
GQG : grand quartier général.
PzD : division de panzers (blindée).
PzK : corps d'armée de panzers (blindé).
RA : régiment d'artillerie.
RAF : régiment d'artillerie de forteresse.
RAP : régiment d'artillerie de position.
RI : régiment d'infanterie.
RIF : régiment d'infanterie de forteresse.

Orientations bibliographiques

Dictionnaires, actes de colloques et ouvrages généraux

Documents diplomatiques belges 1920-1940 : la politique de sécurité extérieure, vol. 3, *1931-1936*, vol. 4, *1936-1937*, et vol. 5, *1938-1940*, Bruxelles, Ch. de Visscher et F. Vanlangenhove, 1966.

Documents diplomatiques français, 1940, t. 1, *1er janvier-10 juillet*, Bruxelles, PIE Peter Lang, 2004, 1 005 pages.

Français et Britanniques dans la drôle de guerre, collectif, Paris, Éditions du CNRS, 1979, 631 pages.

Livre jaune français. Documents diplomatiques 1938-1939, Paris, Imprimerie nationale, 1939, 431 pages.

Rapport de la commission chargée d'enquêter sur les événements survenus en France de 1933 à 1945, session de 1947, vol. I à IX, Paris, Assemblée nationale, 1951.

Les Relations militaires franco-belges de mars 1936 au 10 mai 1940, collectif, Paris, Éditions du CNRS, 1968, 198 pages.

AGLAN, Alya, et FRANK, Robert, *1937-1947. La guerre-monde*, 2 vol., Paris, Gallimard, coll. « Folio Histoire », 2015.

AZÉMA, Jean-Pierre, et BÉDARIDA, François (dir.), *1938-1948. Les années de tourmente, de Munich à Prague. Dictionnaire critique*, Paris, Flammarion, 1995, 1 137 pages.

—, *La France des années noires*, vol. 1, *De la défaite à Vichy*, Paris, Seuil, coll. « Points », 2000, 592 pages.

BENOIST-MÉCHIN, Jacques, *Soixante jours qui ébranlèrent l'Occident. 10 mai-10 juillet 1940*, Paris, Robert Laffont, coll. « Bouquins », 2012 (rééd.), 1 056 pages.

BLOCH, Marc, *L'Étrange Défaite*, Paris, Éditions Franc-Tireur, 1946, 196 pages.

CAILLETEAU, François, *Les Généraux français du XXe siècle*, Paris, Economica, 2010, 320 pages.

CHAUVY, Gérard, *Le Drame de l'armée française*, Paris, Pygmalion, 2010, 695 pages.

CORVISIER, André (dir.), et PEDRONCINI, Guy, *Histoire militaire de la France*, t. III, *De 1871 à 1940*, Paris, PUF, 1992, 528 pages.

DOISE, Jean, et VAÏSSE, Maurice (dir.), *Diplomatie et outil militaire, 1871-2015*, Paris, Seuil, coll. « Points Histoire », rééd., 2015, 784 pages.

FORCADE, Olivier, DUHAMEL, Éric, et VIAL, Philippe (dir.), *Militaires en République : les officiers, le pouvoir et la vie publique en France, 1870-1962*, Paris, Publications de la Sorbonne, 1999, 734 pages.

KANTIN, Georges, et MANCERON, Gilles (dir.), *Les Échos de la mémoire. Tabous et enseignement de la Seconde guerre mondiale*, Paris, Le Monde éditions, 1991, 370 pages.

LEVISSE-TOUZÉ, Christine (dir.), *La Campagne de 1940*, Paris, Tallandier, 2001, 585 pages.

LOPEZ, Jean, et WIEVIORKA, Olivier (dir.), *Les Mythes de la Seconde Guerre mondiale*, Paris, Perrin, 2015, 441 pages.

MARCOT, François, LEROUX, Bruno, et LEVISSE-TOUZÉ, Christine (dir.), *Dictionnaire historique de la Résistance*, Robert Laffont, coll. « Bouquins », 2006, 1 187 pages.

MARSEILLE, Jacques, et LEFEUVRE, Daniel, *1940 au jour le jour*, Paris, Albin Michel, 1989, 256 pages.

MONTAGNON, Pierre (dir.), *Dictionnaire de la Seconde Guerre mondiale*, Paris, Pygmalion, 2008, 973 pages.

MURACCIOLE, Jean-François, et PIKETTY, Guillaume, *Encyclopédie de la Seconde Guerre mondiale*, Paris, Robert Laffont, coll. « Bouquins », 2015, 1 472 pages.

PATTIER, Jean-Baptiste, *Vérités officielles. Comment s'écrit l'histoire de la Seconde Guerre mondiale*, Paris, Vendémiaire, 2012, 217 pages.

PIKETTY, Guillaume, *Français en résistance. Carnets de guerre, correspondances, journaux personnels*, Paris, Robert Laffont, coll. « Bouquins », 2009, 1 169 pages.

SAINT-MARTIN, Gérard, colonel (er), *Le Concept blindé français des années 1930 : de la doctrine à l'emploi. Un redressement tardif et insuffisant*, thèse de doctorat d'histoire militaire et d'études de défense, 3 vol., université Montpellier III, 1994.

VAÏSSE, Maurice, *Sécurité d'abord. La politique française en matière de désarmement (9 décembre 1930-10 avril 1934)*, Paris, Pédone-Publications de la Sorbonne, 1981, 653 pages.

VERGNON, Gilles, et SANTAMARIA, Yves (dir.), *Le Syndrome de 1940. Un trou noir mémoriel ?*, Paris, Riveneuve, coll. « Actes académiques », 2015, 301 pages.

ÉTUDES THÉMATIQUES OU PARTICULIÈRES

ALBORD, Maurice, *L'Armée française et les États du Levant (1936-1946)*, Paris, Éditions du CNRS, 2000, 336 pages.

ALBORD, Tony, *Pourquoi cela est arrivé, ou les Responsabilités d'une génération militaire (1919-1939)*, Nantes, Aux Portes du large, 1946, 144 pages.

ALERME, colonel, *Les Causes militaires de notre défaite*, Paris, Centre d'études de l'agence Inter-France, s.d., 123 pages.

ALEXANDER, Martin S., *The Republic in Danger : General Maurice Gamelin and the Politics of French Defence, 1933-1940*, Cambridge, Cambridge University Press, 1992, 573 pages.

ALTMAYER, Norbert, général, *La Xe Armée sur la basse Somme, en Normandie, vers le réduit breton. Mai-juin 1940*, Paris, Éditions Défense de la France, 1946, 159 pages.

AMOUROUX, Henri, *Pour en finir avec Vichy*, vol. 1, Paris, Robert Laffont, 2005, 539 pages.

ARBARETIER, Vincent, *L'École de la guerre. Sedan 1940, ou la Faillite du système de commandement français*, Paris, Economica, 2011, 160 pages.

—, *La Conquête de la Norvège (1940). La première opération interarmées de l'histoire*, Paris, Economica, 2014, 160 pages.

ARMENGAUD, Paul, général, *Batailles politiques et militaires sur l'Europe. Témoignages (1932-1940)*, Paris, Éditions du Myrte, 1948, 341 pages.

AUTANT, Jean-Paul, *La Bataille de Stonne. Un choc frontal durant la campagne de France*, Paris, Lavauzelle, 2015, 387 pages.

AZEAU, Henri, *La Guerre franco-italienne de 1940*, Paris, Presses de la Cité, 1967, 391 pages.

AZÉMA, Jean-Pierre, *1940, l'année noire*, Paris, Fayard, 2010, 480 pages.

BALL, Adrian, *3 septembre 1939, le dernier jour du vieux monde*, Paris, J'ai lu, 1966, 379 pages.

BANKWITZ, Philip, *Maxime Weygand and Civil-Military Relations in Modern France*, Cambridge, Mass., Harvard University Press, 1967, 445 pages.

BARBEY, Bernard, *Aller et retour. Mon journal pendant et après la « drôle de guerre », 1939-1940*, Neuchâtel, Éditions de la Baconnière, 1967, 184 pages.

BARDEL, René, *Quelques-uns des chars, 1939-1940*, Paris, Arthaud, 1943, 190 pages.

BARDOUX, Jacques, *Journal d'un témoin de la Troisième. Paris-Bordeaux-Vichy (1er septembre 1939-15 juillet 1940)*, Paris, Fayard, 1957, 429 pages.

BAUDOUIN, Paul, *Neuf mois au gouvernement (avril-décembre 1940)*, Paris, La Table Ronde, 1948, 430 pages.

BAUDOUÏ, Rémi, *Raoul Dautry, 1880-1951. Le technocrate de la République*, Paris, Balland, 1992, 396 pages.

BAYERLEIN, Bernard H., NARINSKI, Mikhaïl, STUDER, Brigitte, et WOLIKOW, Serge, *Moscou, Paris, Berlin. Télégrammes chiffrés du Komintern (1939-1941)*, Paris, Tallandier, 2003 ; rééd. Le Grand Livre du Mois, 2003, 614 pages.

BÉAL, Jacques, *Hommes et combats en Picardie, 1939-1945*, Amiens, Martelle éditions, 1994, 182 pages.

BEAU, Georges, et GAUBUSSEAU, Léopold, *Dix erreurs, une défaite*, Paris, Presses de la Cité, 1967, 312 pages.

BEAUFRE, général, *Le Drame de 1940*, Paris, Plon, 1965, 364 pages.

—, *Mémoires 1920-1940-1945*, Paris, Presses de la Cité, 1969, 514 pages.

BECKER, Jean-Jacques, et BERNSTEIN, Serge, *Victoires et frustrations, 1914-1929*, Paris, Seuil, coll. « Points », 1990, 480 pages.

BÉDARIDA, François, *La Stratégie secrète de la drôle de guerre. Le Conseil suprême interallié (septembre 1939-*

avril 1940), Paris, Presses de la FNSP/CNRS, 1979, 577 pages.

BELLE, Jacques, *La Défaite française, un désastre évitable*, t. 1, *Le 16 mai 1940, il fallait rester en Belgique*, t. 2, *Le 16 juin 1940, non à l'armistice !*, Paris, Economica, 2007 et 2009, 346 et 349 pages.

BERL, Emmanuel, *La Fin de la IIIe République*, Paris, Gallimard, coll. « Folio Histoire », 2007, 469 pages.

BERTHELOT, Jean, *Sur les rails du pouvoir (1938-1942)*, Paris, Robert Laffont, 1967, 342 pages.

BERTIN, Claude (dir.), *Les Procès de la France déchirée. Riom*, Genève, Crémille, 1973, 142 pages.

BILLOTTE, Pierre, *Le Temps des armes*, Paris, Plon, 1972, 440 pages.

BORIS, Jean-Mathieu, *Combattant de la France libre*, Paris, Perrin, 2012, 221 pages.

BOUCHER, Jean, général, *L'Arme blindée dans la guerre*, Paris, Payot, 1953, 270 pages.

BOULANGER, Gérard, *À mort la Gueuse !*, Paris, Calmann-Lévy, 2006, 378 pages.

BOURGET, Pierre-André, *De Beyrouth à Bordeaux. La guerre de 1939-1940 vue du PC Weygand*, Paris, Berger-Levrault, 1946, 187 pages.

BRUGE, Roger, *Les Combattants du 18 Juin*, t. 1, *Le Sang versé*, t. 2, *Les Derniers Feux*, Paris, Fayard, 1984, 580 et 652 pages.

CAILLETEAU, François, et PELLAN, Alain, *Les Officiers français dans l'entre-deux-guerres. Une génération dans la tourmente*, Paris, Economica, 2012, 150 pages.

CARLEY, Michael J., *1939. L'alliance de la dernière chance*, Montréal, Presses de l'université de Montréal, 2001, 365 pages.

CATON, Paul Émile, *1939-1940. Une guerre perdue en 4 jours*, vol. 1, *Partie politique*, vol. 2, *Contre-témoignages sur une catastrophe*, Blainville-sur-Mer, L'Amitié par le livre, 1969 et 1974, 702 et 846 pages.

CHAIX, Bruno, *En mai 1940, fallait-il entrer en Belgique ?*, Paris, Economica, 2000, 349 pages.

CHAPMAN, Guy, *Six semaines de campagne (1940)*, Paris, Arthaud, 1968, 472 pages.

CHAUTEMPS, Camille, *Cahiers secrets de l'armistice*, Paris, Plon, 1963, 376 pages.

CHAUVINEAU, général, *Une invasion est-elle encore possible ?*, Paris, Berger-Levrault, 1939, 218 pages.

CHAUVY, Gérard, *Le Drame de l'armée française. Du Front populaire à Vichy*, Paris, Pygmalion, 2010, 500 pages.

CIANO, Galeazzo, *Journal politique*, vol. 1, *Août 1937-septembre 1939*, Paris, Perrin, coll. « Tempus », 2015, 671 pages.

COANET, Michel, *Le Précédent de 1940. Genèse et enseignements d'une défaite*, autoédition, 1986, 206 pages.

COCHET, François, *Les Français en guerre de 1870 à nos jours*, Paris, Perrin, 2017, 541 pages.

—, *Les Soldats de la drôle de guerre. Septembre 1939-mai 1940*, Paris, Hachette Littératures, 2004, 271 pages.

COILLIOT, André, *Mai 1940, un mois pas comme les autres*, autoédition, Beaurains-les-Arras, 1980, 274 pages.

—, *Sombres jours de mai 1940 : Arras et sa région*, Saint-Cyr-sur-Loire, Éditions Sutton, 2007, 381 pages.

COINTET, Jean-Paul, *Paris 40-44*, Paris, Perrin, 2001 ; rééd. Le Grand Livre du Mois, 2001, 335 pages.

COULONDRE, Robert, *De Staline à Hitler : souvenirs de deux ambassades*, Paris, Hachette, 1950, 234 pages.

COUTAU-BÉGARIE, Hervé, et HUAN, Claude, *Dakar 1940. La bataille fratricide*, Paris, Economica, 2004, 256 pages.

CRÉMIEUX-BRILHAC, Jean-Louis, *Les Français de l'an 40*, t. I, *La Guerre oui ou non*, t. II, *Ouvriers et soldats*, Paris, Gallimard, 1990, 955 et 740 pages.

DAINVILLE, Augustin de, colonel, *L'ORA. La résistance de l'armée, guerre 39-45*, Paris, Lavauzelle, 1974, 343 pages.

DARIDAN, Jean, *Les Chemins de la défaite, 1938-1940*, Paris, Plon, 1980, 256 pages.

DAUTUN, Yves, *La Batterie errante (récit de guerre)*, Paris, Éditions Baudinière, 1941, 288 pages.

DELHEZ, Jean-Claude, *La Déroute française de 1940 : la faute aux Belges ?*, Paris, Economica, 2015, 96 pages.

DELMAS, Jean, colonel, DEVAUTOUR, Paul, colonel, et LEFÈVRE, Éric, *Mai-juin 1940, les combattants de l'honneur*, Paris, Copernic, 1980, 232 pages.

DELPLA, François, *Les Papiers secrets du général Doumenc*, Paris, Olivier Orban, 1992, 526 pages.

—, *Churchill et les Français. Six hommes dans la tourmente, septembre 1939-juin 1940*, Ostwald, Éditions du Polygone, 2000, 615 pages.

—, *L'Appel du 18 juin 1940*, Paris, Grasset, 2000, 318 pages.

—, *La Face cachée de 1940. Comment Churchill réussit à prolonger la partie*, Paris, François-Xavier de Guibert, 2003, 195 pages.

DENIS, Éric, *1940. La Wehrmacht de Fall Gelb*, Paris, Economica, 2018, 208 pages.

DESTREMAU, Bernard, *Weygand*, Paris, Perrin, 2001, 842 pages.

DOUGHTY, Robert A., *The Seeds of Disaster : the Development of French Army Doctrine, 1919-1939*, Hamden, Connecticut, Archon Books, 1985, 232 pages.

DOUMENC, Aimé, général d'armée, *Histoire de la neuvième armée (10-18 mai 1940)*, Paris, Arthaud, 1945, 285 pages.

—, *Dunkerque et la campagne de Flandres*, Paris, Arthaud, 1947, 318 pages.

DRÉVILLON, Hervé, et WIEVIORKA, Olivier (dir.), *Histoire militaire de la France*, vol. 2, *De 1870 à nos jours*, Paris, Perrin, 2018, 720 pages.
DRIEU LA ROCHELLE, Pierre, *Journal, 1939-1945*, présenté et annoté par Julien Hervier, Paris, Gallimard, 528 pages.
DRUON, Maurice, *Mémoires*, Paris, Plon, 2019, 683 pages.
DUROSELLE, Jean-Baptiste, *La Décadence, 1932-1939*, Paris, Imprimerie nationale, 1979, 568 pages.
—, *L'abîme, 1939-1945*, Paris, Imprimerie nationale, 1982, 611 pages.
DUTAILLY, Henry, lieutenant-colonel, *Les Problèmes de l'armée de terre française, 1935-1939*, Vincennes, Service historique de l'armée de terre, 1980, 449 pages.
DUTRÔNE, Christophe, *Ils se sont battus. Mai-juin 1940*, Paris, Éditions du Toucan, 2010, 220 pages.
FABRE-LUCE, Albert, *Journal de la France*, t. 1, *Mars 1939-juillet 1940*, Bruxelles, Éditions de la Toison d'or, 1942, 351 pages.
FACON, Patrick, *L'Armée de l'air dans la tourmente. La bataille de France, 1939-1940*, Paris, Economica, 2005, 305 pages.
FERRARD, Stéphane, *Les Matériels de l'armée de terre française, 1940*, t. 1, Paris, Lavauzelle, 1982, 177 pages.
FERRÉ, Georges, colonel, *Le Défaut de l'armure : nos chars pouvaient-ils vaincre en 1940 ?*, Paris, Lavauzelle, 1948, 229 pages.
FERRO, Marc, *Pétain*, Paris, Arthème Fayard, 1987 ; rééd. France-Loisirs, 1993, 789 pages.
FONCK, Bertrand, et SABLON DU CORAIL, Amable, *1940. L'empreinte de la défaite. Témoignages et archives*, Rennes, Presses universitaires de Rennes, 2014, 299 pages.
FONVIEILLE-ALQUIER, François, *Les Français dans la drôle de guerre*, Paris, Robert Laffont, 1971, 472 pages.

François-Poncet, André, *De Versailles à Potsdam. La France et le problème allemand contemporain, 1919-1945*, Paris, Flammarion, 1948, 307 pages.

Frank, Robert, *Le Prix du réarmement français (1935-1939)*, Paris, Publications de la Sorbonne, 1982, 382 pages.

—, *La Hantise du déclin. Le rang de la France, 1920-1960 : finances, défense et identité nationale*, Paris, Belin, 1994, 316 pages.

Frieser, Karl-Heinz, *Le Mythe de la guerre-éclair. La campagne de l'Ouest de 1940*, Paris, Belin, 2003.

Gabriel, Jacques, *Les Dessous d'une défaite. Récit d'un témoin*, Lyon, Éditions Lugdunum, 1945, 135 pages.

Gamelin, général, *Servir*, vol. 1, *Les Armées françaises de 1940*, vol. 2, *Le Prologue du drame, 1930-août 1939*, vol. 3, *La Guerre (septembre 1939-19 mai 1940)*, Paris, Plon, 1946, 380, 479 et 537 pages.

Gauché, général, *Le Deuxième Bureau au travail (1935-1940)*, Paris, Amiot-Dumont, 1954, 239 pages.

Gaulle, Charles de, *Mémoires de guerre*, t. 1, *L'Appel, 1940-1942*, Paris, Plon, 1954, 681 pages.

Giraudoux, Jean, *Armistice à Bordeaux*, Monaco, Éditions du Rocher, 1945, 44 pages.

Golaz, André, *L'Armée allemande de 1939 à 1945 d'après les sources allemandes*, Paris, EMA/Service historique, 1957, 52 pages.

Gounelle, Claude, *Sedan. Mai 1940*, Paris, Presses de la Cité, 1984, 379 pages.

Goutard, Adolphe, *1940. La guerre des occasions perdues*, Paris, Hachette, 1956, 406 pages.

Grandsard, Charles, général, *Le 10e C.A. dans la bataille, 1939-1940*, Paris, Berger-Levrault, 1949, 321 pages.

Groussard, Georges A., *Service secret, 1940-1945*, Paris, La Table Ronde, 1964, 606 pages.

—, *L'Armée et ses drames*, Paris, La Table Ronde, 1968, 428 pages.

GUELTON, Frédéric, *Le Journal du général Weygand*, Montpellier, université Paul-Valéry, Montpellier III, 1999, 367 pages.

GUILLAUMIN, Michel, *Voltigeurs : carnet d'un fantassin de la division de fer, 1939-1940*, Paris, Fasquelle, 1942, 206 pages.

GUNSBURG, Jeffery A., *Divided and Conquered. The French High Command and the Defeat of the West*, Westport, Connecticut, Greenwood Press, 1979, 303 pages.

HAMONET, Charles, *Tours capitale, 1940*, Tours, Arrault et Cie, 1942, 63 pages.

HOFF, Pierre, *Les Programmes d'armement de 1919 à 1939*, Vincennes, SHAT, 1982, 479 pages.

HORNE, Alistair, *Comment perdre une bataille. France, mai-juin 1940*, Paris, Tallandier, rééd., coll. « Texto », 2010, 462 pages.

HUARD, Paul, *Le Colonel de Gaulle et ses blindés. Laon, 15-20 mai 1940*, Paris, Plon, 1980, 352 pages.

IRONSIDE, sir Edmund, *Time Unguarded : The Ironside Diaries, 1937-1940*, Édimbourg, Constable, 1962, 408 pages.

JACKSON, Peter, *La France et la menace nazie, 1933-1939*, Paris, Nouveau Monde éditions, 2017, 620 pages.

JACOMET, contrôleur général, *L'Armement de la France, 1936-1939*, Paris, Éditions Lajeunesse, 1945, 406 pages.

KERSAUDY, François, *Stratèges et Norvège 1940. Les jeux de la guerre et du hasard*, Paris, Hachette, 1977, 286 pages.

KOELTZ, Louis, général, *Comment s'est joué notre destin. Hitler et l'offensive du 10 mai 1940*, Paris, Hachette, 1957, 252 pages.

KUPFERMAN, Fred, *Laval*, Paris, Balland, Paris, 1987 ; rééd. Le Grand Livre du Mois, 2006, 654 pages.

LACAUX, Jean, *L'Ambulance chirurgicale n°... Dunkerque mai-juin 1940*, Paris, Arthaud, 1945, 169 pages.

LACOUTURE, Jean, *Charles de Gaulle*, t. I, *Le Rebelle, 1890-1944*, Paris, Seuil, 1984, 870 pages.

LACROIX-RIZ, Annie, *Le Choix de la défaite. Les élites françaises dans les années 1930*, Paris, Armand Colin, 2009.

LAFFARGUE, André, général, *Justice pour ceux de 1940*, Paris, Lavauzelle, 1952, 237 pages.

—, *Le Général Dentz (Paris 1940-Syrie 1941)*, Paris, Les Îles d'Or, 1954, 212 pages.

LA LAURENCIE, de, général, *Les Opérations du 3e corps d'armée en 1939-1940*, Paris, Lavauzelle, 1948, 183 pages.

LANNOY, François de, *Pierre Héring. Un général anticonformiste avec Pétain et de Gaulle*, Tours, Éditions Sutton, 2018, 398 pages.

LAPIE, Pierre-Olivier, *La Légion étrangère à Narvik*, Paris, Flammarion, 1945, 156 pages.

LAURENT, Jacques, *Année 1940. Londres. De Gaulle. Vichy*, Paris, La Table Ronde, 1965, 410 pages.

LE BARBIER, sous-lieutenant, *5 mois au corps franc du 33e RI*, Paris, La Bruyère, 1993, 249 pages.

LEBRUN, Albert, *Témoignage*, Paris, Plon, 1945, 260 pages.

LECA, Dominique, *La Rupture de 1940*, Paris, Fayard, 1978, 350 pages.

LEGOUX, Bernard, *Les Mensonges de juin 1940*, Waterloo, Éditions Jourdan, 2012, 735 pages.

LE GOYET, Pierre, *Le Mystère Gamelin*, Paris, Presses de la Cité, 1975, 379 pages.

LE MOAL, Frédéric, et SCHIAVON, Max, *Juin 1940. La guerre des Alpes. Enjeux et stratégies*, Paris, Economica, 2010, 488 pages.

LEPOTIER, Adolphe-Auguste, contre-amiral, *Dunkerque, port du salut*, Paris, Éditions France-Empire, 1975, 482 pages.

LERECOUVREUX, Marcel, *Huit mois d'attente, un mois de guerre*, Paris, Lavauzelle, 1946, 272 pages.

—, *L'Armée Giraud en Hollande (1939-1940)*, Paris, Nouvelles Éditions latines, 1951, 382 pages.

LESPÈS, Henri, *Corps à corps avec les blindés : carnet de route de la Sarre à la Somme*, Paris, Plon, 1944, 243 pages.

LEVISSE-TOUZÉ, Christine, *L'Afrique du Nord dans la guerre, 1939-1945*, Paris, Albin Michel, 1998, 468 pages.

LONGERICH, Peter, *Goebbels*, vol. 2, *1937-1945*, Paris, Perrin, coll. « Tempus », 2015, 621 pages.

LORMIER, Dominique, *Comme des lions, mai-juin 1940. Le sacrifice de l'armée française, mai-juin 1940*, Paris, Calmann-Lévy, 2005, 330 pages.

—, *La Bataille de Dunkerque, 26 mai-4 juin 1940*, Paris, Tallandier, 2011, 202 pages.

—, *Les Soldats oubliés. Ceux dont l'histoire ne parle plus*, Waterloo, Éditions Jourdan, 2012, 343 pages.

—, *Légendes et fadaises de la Seconde Guerre mondiale*, Waterloo, Éditions Jourdan, 2013, 287 pages.

LOTTMAN, Herbert R., *La Chute de Paris (14 juin 1940)*, Paris, La Fabrique, 2013, 528 pages.

—, *De Gaulle/Pétain, règlements de comptes*, Paris, Perrin, 2015, 248 pages.

LUNEAU, Aurélie, *Radio Londres, 1940-1944. Les voix de la liberté*, Paris, Perrin, 2005 ; rééd. Le Grand Livre du Mois, 2005, 351 pages.

LYET, Pierre, commandant, *La Bataille de France*, Paris, Payot, 1947, 173 pages.

MANSTEIN, Erich von (présentation par Pierre Servent), *Mémoires*, Paris, Perrin, 2015, 576 pages.

MARGERIE, Roland de, *Journal (1939-1940)*, Paris, Grasset, 2010, 416 pages.

MASSIGLI, René, *La Turquie devant la guerre. Mission à Ankara (1939-1940)*, Paris, Plon, 1964, 509 pages.

MERGLEN, Albert, *Groupe franc. Récit de guerre*, Paris, Arthaud, 1943, 229 pages.

MICHIELS, Oscar, lieutenant-général, *18 jours de guerre en Belgique*, Paris, Berger-Levrault, 1947, 330 pages.

MILLERET, René, *La Guerre 1939-1945 en haute Maurienne*, Saint-Jean-de-Maurienne, Société d'histoire et d'archéologie de Maurienne, t. 31, 1997, 173 pages.

MINART, Jacques, *PC Vincennes. Secteur 4*, Paris, Berger-Levrault, 1945, 231 pages.

MINOT, Jacques, *Mémoires de guerre d'un Tourangeau*, Paris, Éditions Orizons, 2019, 176 pages.

MOLLANS, Henri de, *Combats pour la Loire, juin 1940*, Chambray-lès-Tours, CLD, 1985, 171 pages.

MONÉ, Thierry, colonel (er), *Les Spahis de La Horgne*, Valence, La Gandoura & CRCL, 2010, 207 pages.

MONTGOMERY, maréchal, *Mémoires*, Paris, Plon, 1958, 561 pages.

—, *Mémoires du maréchal Montgomery*, présenté par Paul Villatoux, Paris, Nouveau Monde éditions, 2016, 709 pages.

MONTIGNY, Jean, *Toute la vérité sur un mois dramatique de notre histoire*, Clermont-Ferrand, Éditions Mont-Louis, 1940, 157 pages.

MONTJEAN, général, *L'Étrange Capture, mai 1940. Carnets inédits d'un officier d'état-major de la Ire armée*, Paris, Éditions Pierre de Taillac, 2019, 340 pages.

MORDACQ, Henri, général, *La Défense nationale en danger*, Paris, Les Éditions de France, 1938, 115 pages.

MORDAL, Jacques (pseudonyme de Hervé Cras), *La Campagne de Norvège*, Paris, SELF, 1949, 445 pages.

—, *Narvik*, Paris, Presses de la Cité, 1960, 312 pages.
—, *La Bataille de Dunkerque*, Paris, France-Empire, 1960, 538 pages.
NEVAKIVI, Jukka, *The Appeal that Was Never Made. The Allies, Scandinavia, and the Finnish Winter War 1939-1940*, Londres, C. Hurst, 1976, 225 pages.
NOBÉCOURT, Jacques, *Une histoire politique de l'armée*, vol. 1, *De Pétain à Pétain (1919-1942)*, Paris, Seuil, 1967, 333 pages.
NOGUÈRES, Henri, *Histoire de la résistance en France*, vol. 1, *Juin 1940-juin 1941*, Paris, Robert Laffont, 1967, 512 pages.
ORDIONI, Pierre, *Les 5 jours de Toul. 18-22 juin 1940*, Ostwald, Éditions du Polygone, 2001, 287 pages.
ORTHOLAN, Henri, *La Ligne Maginot. Conception, réalisation, destinée*, Paris, Bernard Giovanangeli éditeur, 2012, 303 pages.
PAILLART, Pierre, *Les Quarante Jours du 2e GRCA en Hollande, en Belgique et en France. 10 mai-18 juin 1940*, Abbeville, Imprimerie F. Paillart, 1947, 212 pages.
PAILLAT, Claude, *La Guerre à l'horizon, 1930-1938*, Paris, Robert Laffont, 1981, 596 pages.
—, *Le Désastre de 1940*, t. 2, *La Guerre immobile, avril 1939-10 mai 1940*, t. 3, *La Guerre éclair, 10 mai-24 juin 1940*, Paris, Robert Laffont, 1984 et 1985, 472 et 697 pages.
PAILLOLE, Paul, *Services spéciaux (1935-1945)*, Paris, Robert Laffont, 1975, 565 pages.
PALLUD, Jean-Paul, *Blitzkrieg à l'ouest*, Bayeux, Heimdal, 2000, 480 pages.
PAXTON, Robert O., *L'Armée de Vichy. Les corps des officiers français, 1940-1944*, Paris, Tallandier, 2004 ; rééd. Le Grand Livre du Mois, 2004, 586 pages.

PERTINAX, *Les Fossoyeurs. Défaite militaire de la France, armistice, contre-révolution*, 2 vol., New York, Éditions de la Maison française, 1943, 376 et 316 pages.

PÉTAIN, Philippe, *Actes et écrits*, Paris, Flammarion, 1964, 652 pages.

PORTHAULT, Pierre, *L'Armée du sacrifice*, Besançon, Éditions Guy Victor, 1965, 431 pages.

PRÉTELAT, général, *Le Destin tragique de la ligne Maginot*, Paris, Berger-Levrault, 1950, 272 pages.

PRIOUX, général, *Souvenirs de guerre, 1939-1943*, Paris, Flammarion, 1947, 271 pages.

PROST, Antoine, *Les Anciens Combattants, 1914-1940*, Paris, Gallimard, 1977 ; rééd. coll. « Folio », 2014, 336 pages.

PUAUX, Gabriel, *Deux années au Levant. Souvenirs de Syrie et du Liban, 1939-1940*, Paris, Hachette, 1952, 248 pages.

RAGACHE, Gilles, *1940, la guerre détraquée*, Paris, Aubier-Montaigne, 1983, 251 pages.

—, *La Fin de la campagne de France. Les combats oubliés des armées du centre, 15 juin-25 juin 1940*, Paris, Economica, 2010, 293 pages.

RAGON, Michel, *34/39. L'avant-guerre*, Paris, Planète, 1968, 267 pages.

RÉAU, Élisabeth du, *Édouard Daladier, 1884-1970*, Paris, Fayard, 1993, 588 pages.

REIBEL, Charles, *Pourquoi et comment fut décidée la demande d'armistice (10-17 juin 1940)*, Vanves, Imprimerie Kapp, 1940, 32 pages.

RÉMY, colonel, *La Résistance française a commencé le 3 septembre 1939*, Paris, Plon, 1979, 424 pages.

—, *Chronique d'une guerre perdue*, 5 vol., Paris, France-Empire, 1979-1982.

RÉQUIN, Édouard, général, *Combats pour l'honneur (1939-1940)*, Paris, Lavauzelle, 1946, 212 pages.
REVOL, J., général, *Chroniques de guerre (1939-1945)*, Paris, Lavauzelle, 1945, 264 pages.
REYNAUD, Paul, *Mémoires*, vol. 2, *Envers et contre tous*, Paris, Flammarion, 1963, 508 pages.
RICALENS, Philippe, et POYER, Jacques (dir.), *L'Armistice de juin 1940, faute ou nécessité ?*, Paris, Economica, 2001, 234 pages.
RICHARD, Thibault, *Des forêts d'Alsace aux chemins de Normandie. La 43e division d'infanterie dans la guerre, 3 septembre 1939-26 juin 1940*, Condé-sur-Noireau, Éditions Charles Corlet, 2001, 234 pages.
—, *France, mai-juin 1940. L'ampleur d'un désastre*, Prahecq, Éditions Patrimoines & médias, 2010, 309 pages.
RICHARDOT, Jean-Pierre, *100 000 morts oubliés. La bataille de France, 10 mai-25 juin 1940*, Paris, Le Cherche-Midi, 2009, 473 pages.
RIMBAUD, Christiane, *L'Affaire du* Massilia, *été 1940*, Paris, Seuil, 1984, 253 pages.
ROCOLLE, Pierre, *Le béton a-t-il trahi ?*, Paris, Éditions Mirambeau & Cie, 1950, 95 pages.
—, *La Guerre de 1940*, vol. 1, *Les Illusions*, vol. 2, *La Défaite*, Paris, Armand Colin, 1990, 363 et 413 pages.
RODOLPHE, R., lieutenant-colonel, *Combats dans la ligne Maginot*, Paris, Ponsot, 1949, 212 pages.
ROMMEL, maréchal, *La Guerre sans haine. Carnets*, Paris, Nouveau Monde éditions, 2010, 475 pages.
ROSSI, A., *Les Communistes français pendant la drôle de guerre*, Paris, Les Îles d'Or, 1951, 365 pages.
ROTON, G., général, *Années cruciales. La course aux armements (1933-1939). La campagne (1939-1940)*, Paris, Lavauzelle, 1947, 304 pages.

SALMON, Robert, *Chemins faisant*, vol. 1, *Vers la résistance. Du lycée à Défense de la France*, Paris, Éditions LBM, 2004, 302 pages.

SAPIR, Jacques, STORA, Frank, et MAHÉ, Loïc, *1940. Et si la France avait continué la guerre…*, Paris, Tallandier, 2010.

SARMANT, Thierry, et GARÇON, Ségolène (dir.), *Gouvernement et haut commandement au déclin de la IIIe République. Édition critique des procès-verbaux du Comité de guerre (1939-1940)*, Paris, Éditions du Comité des travaux historiques et scientifiques, 2009, 186 pages.

SCHIAVON, Max, *Les Carnets secrets du général Huntziger, 1938-1941*, Paris, Éditions Pierre de Taillac, 2019, 351 pages.

—, *Le Général Alphonse Georges. Un destin inachevé*, Parçay-sur-Vienne, Éditions Anovi, 2009, 613 pages.

—, *Le Général Vauthier, un officier visionnaire, un destin bouleversant*, Paris, Éditions Pierre de Taillac, 2013, 291 pages.

—, *Corap, bouc émissaire de la défaite de 1940*, Paris, Perrin, 2017, 398 pages.

SCHIAVON, Max, et LE MOAL, Frédéric, *Juin 1940. La guerre des Alpes. Enjeux et stratégies*, Paris, Economica, Paris, 2010, 512 pages.

SCHIAVON, Max, et LANNOY, François de, *Les Généraux français de 1940*, Antony, ETAI, 2013, 192 pages.

SCHNETZLER, Bernard, *Les Erreurs stratégiques du IIIe Reich pendant la Deuxième Guerre mondiale*, Paris, Economica, 2003, 205 pages.

SÉRAMOUR, Michaël, *Les Troupes de forteresse en Lorraine et en Alsace. Des cratères de Verdun aux galeries de la ligne Maginot, 1914-1940*, Tours, Éditions Sutton, 2017, 167 pages.

SERRIGNY, général, *Trente ans avec Pétain*, Paris, Plon, 1959, 246 pages.

SPEARS, sir Edward, major-général, *Témoignage sur une catastrophe*, vol. 1, *Prélude à Dunkerque*, vol. 2, *La Chute de la France*, Paris, Presses de la Cité, 1964, 361 et 371 pages.

TAGHON, Peter, *Mai 1940. La campagne des dix-huit jours* (photos), Bruxelles, Duculot, 1994, 239 pages.

TELLIER, Thibault, *Paul Reynaud. Un indépendant en politique, 1878-1966*, Paris, Fayard, 2005, 888 pages.

TRUCHET, André, *L'Armistice de 1940 et l'Afrique du Nord*, Paris, PUF, 1955, 420 pages.

TRUTTMANN, Philippe, *La Muraille de France, ou la Ligne Maginot*, Thionville, Gérard Klopp, 1988, 627 pages.

VAÏSSE, Maurice, *Sécurité d'abord. La politique française en matière de désarmement (9 décembre 1930-17 avril 1934)*, Paris, A. Pedone, 1981, 653 pages.

—, (dir.) *Ardennes 1940*, Paris, Kronos, 1991, 272 pages.

—, (dir.) *Mai-juin 1940. Défaite française, victoire allemande, sous l'œil des historiens étrangers*, Paris, Autrement, 2000, 232 pages.

VAN OVERSTRAETEN, Raoul, général, *Albert Ier-Léopold III : vingt ans de politique militaire belge, 1920*-1940, Bruges, Desclée de Brouwer, s.d., 752 pages.

VANWELKENHUYZEN, Jean, *Neutralité armée : la politique militaire de la Belgique pendant la drôle de guerre*, Bruxelles, La Renaissance du Livre, 1979, 183 pages.

—, *1940. Pleins feux sur un désastre*, Bruxelles, Éditions Racine, rééd. 1997, 477 pages.

—, *L'Agonie de la paix. 31 août-3 septembre 1939*, Bruxelles, Duculot, 1989, 351 pages.

VARILLON, Pierre, *Mers el-Kébir*, Paris, Amiot-Dumont, 1949, 230 pages.

VERGEZ-CHAIGNON, Béatrice, *Les Vichysto-résistants de 1940 à nos jours*, Paris, Perrin, 2008, 775 pages.

VÉRON, général, *Souvenirs de ma vie militaire. Impressions et réflexions*, Rouen, Éditions Maugard, 1969, 285 pages.

VIDAL, Georges, *L'Armée française et l'ennemi intérieur, 1917-1939. Enjeux stratégiques et culture politique*, Rennes, Presses universitaires de Rennes, 2015, 264 pages.

—, *Une alliance improbable. L'armée française et la Russie soviétique, 1917-1939*, Rennes, Presses universitaires de Rennes, 2015, 307 pages.

VILLATOUX, Paul, *10 mai 1940. La campagne de France*, Sceaux, L'Esprit du Livre, 2010, 101 pages.

VILLELUME, Paul de, général, *Journal d'une défaite (23 août 1939-16 juin 1940)*, Paris, Fayard, 1976, 478 pages.

VIVIER, Thierry, *La Politique aéronautique militaire de la France, janvier 1933-septembre 1939*, Paris, L'Harmattan, 1997, 649 pages.

VOGÜÉ, Arnaud de, *Carnets de route. Ma campagne de Dunkerque, 10 mai-1er juin 1940*, Paris, Éditions Tirésias, 2001, 284 pages.

VULLIEZ, Albert, commandant, *Mers el-Kébir*, Paris, Pocket, 1977, 282 pages.

WAILLY, Henri de, *Weygand, de Gaulle et quelques autres. La Somme, 16-28 mai 1940*, Paris, Lavauzelle, 1983, 380 pages.

—, *De Gaulle sous le casque, Abbeville 1940*, Paris, Perrin, 1990, 348 pages.

—, *1940. L'Effondrement*, Paris, Perrin, 2003, 410 pages.

—, *L'Offensive blindée alliée d'Abbeville, 27 mai-4 juin 1940*, Paris, Economica, 2012, 176 pages.

WENKIN, Hugues, *Blitzkrieg ! L'invention de la guerre mécanisée*, Paris, Éditions Pierre de Taillac, 2018, 272 pages.

WERTH, Alexander, *Les Derniers Jours de Paris. Carnet d'un journaliste*, Paris, Perrin, coll. « Tempus », 2019, 351 pages.

WEYGAND, Jacques, *Weygand, mon père*, Paris, Flammarion, 1970, 503 pages.

WEYGAND, Maxime, général, *Mémoires*, vol. 2, *Mirages et réalités*, vol. 3, *Rappelé au service*, Paris, Flammarion, 1950, 522 et 596 pages.

—, *Le Général Frère. Un chef, un héros, un martyr*, Paris, Flammarion, 1959, 247 pages.

WIEVIORKA, Olivier, *Les Orphelins de la République. Destinées des députés et sénateurs français (1940-1945)*, Paris, Seuil, 2001, 464 pages.

YOUNG, Robert J., *In Command of France : French Foreign Policy and Military Planning, 1933-1940*, Cambridge, Mass., Harvard University Press, 1978, 346 pages.

Table

DU MÊME AUTEUR *(suite)*

Le Commandement suprême de l'armée allemande (1914-1916), traduction par le général de division A. Niessel, édition annotée et commentée des souvenirs de guerre du général von Falkenhayn, avant-propos de François Cochet, SOTECA/14-18 Éditions, 2010.

Ferdinand Foch (1851-1929). Apprenez à penser, actes du colloque international, Paris, 6-7 novembre 2008, textes réunis et présentés par le lieutenant-colonel Rémy Porte et le professeur François Cochet, SOTECA/14-18 Éditions, 2010.

Haute-Silésie (1920-1922). Laboratoire des leçons oubliées de l'armée française et perceptions nationales, préface de Jean-Charles Jauffret, Paris, Riveneuve, 2009.

Ferdinand Foch : vouloir, c'est pouvoir, 14-18 Éditions, 2008.

Du Caire à Damas. Français et Anglais au Moyen-Orient (1914-1919), SOTECA/14-18 Éditions, 2008.

Dictionnaire de la Grande Guerre, avec François Cochet, Robert Laffont, coll. « Bouquins », Paris, 2008.

Les Relations militaires franco-grecques. De la Restauration à la Seconde Guerre mondiale, avec le capitaine Abdil Bicer, Vincennes, Service historique de la Défense, 2007.

Les 300 jours de Verdun, Jean-Pierre Turbergue (dir.), Triel-sur-Seine, Italiques, 2006.

La Conquête des colonies allemandes. Naissance et mort d'un rêve impérial, préface du professeur Jacques Frémeaux, SOTECA/14-18 Éditions, 2006.

90e anniversaire de la croix de guerre, actes de la journée d'études organisée au musée de l'armée le 16 novembre 2005, introduction par le professeur

Jean-Jacques Becker, Vincennes, Service historique de la Défense, 2006.

La Mobilisation industrielle, « premier front » de la Grande Guerre, avant-propos de Jean-Jacques Becker, SOTECA/14-18 Éditions, 2006.

La Marque du courage, avec Alexis Neviaski, préface de Monsieur Jacques Chirac, Paris, Éditions LBM, 2005.

La France libre. L'épopée des Français libres au combat (dir.), Paris, Éditions LBM, 2004.

La Direction des services automobiles des armées et la motorisation des armées françaises vues à travers l'action du commandant Doumenc (1914-1919), Paris, Lavauzelle, 2004.

Destins d'exception. Les parrains de promotion de l'École spéciale militaire de Saint-Cyr (dir.), Vincennes, Service historique de l'armée de terre (SHAT), 2002.

Pour plus d'information :

Imprimé sur du papier issu de forêts gérées durablement.

Imprimé en France en novembre 2022
par l'Imprimerie Maury S.A.S. à Millau (12)

K06558E/06
N° d'impression : K22/72093V